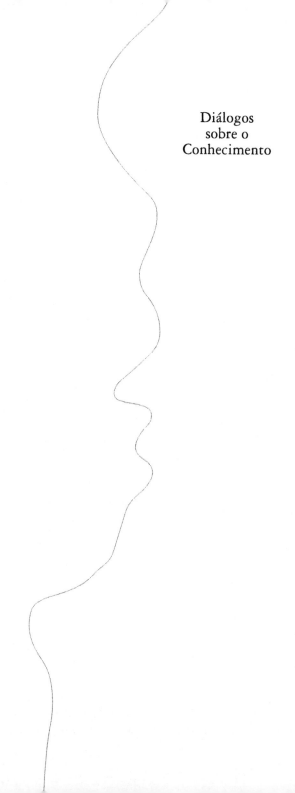

Diálogos
sobre o
Conhecimento

Coleção Big Bang
Dirigida por Gita K. Guinsburg

Equipe de Realização – Revisão: Sandra Martha Dolinsky; Capa: Sergio Kon; Editoração Eletrônica: Ponto & Linha; Produção: Ricardo W. Neves e Sergio Kon.

Diálogos
sobre o
Conhecimento
◆
Feyerabend
◆

Tradução e Notas
Gita K. Guinsburg

Título do original italiano
Dialoghi sulla conoscenza

Copyright © 1991, Gius. Laterza & Figli

Dados Internacionais de Catalogação na Publicação (CIP)
(Câmara Brasileira do Livro, SP, Brasil)

Feyerabend, Paul K., 1924-1994.
Diálogos sobre o conhecimento / Feyerabend ; tradução e notas Gita K. Guinsburg. -- São Paulo : Perspectiva, 2012. -- (Big Bang)

Título original: Dialoghi sulla conoscenza.
2ª reimpr. da 1. ed. de 2001.
ISBN 978-85-273-0237-1

1. Ciência - Filosofia 2. Conhecimento - Teoria 3. Filosofia - Teoria I. Guinsburg, Gita K. II. Título. III. Série.

07-9617 CDD-501

Índices para catálogo sistemático:
1. Ciência : Filosofia 501

1ª edição -- 2ª reimpressão
[PPD]

Direitos reservados em língua portuguesa à
EDITORA PERSPECTIVA LTDA.

Av. Brigadeiro Luís Antônio, 3025
01401-000 -- São Paulo -- SP -- Brasil
Telefone: (0--11) 3885-8388
www.editoraperspectiva.com.br

2019

Sumário

Algumas Observações da Tradutora 9
Fantasia Platônica 11
Ao Término de Um Passeio Não-Filosófico entre os Bosques 65
Posfácio 113
Cronologia Resumida da Vida e da Obra de Paul Feyerabend 119

Algumas Observações da Tradutora

As idéias de Feyerabend suscitaram grande interesse e polêmicas das mais acirradas nos meios científicos e acadêmicos devido à desafiante postura crítica desse físico e filósofo que ganhou renome a partir da década de 1960, quando passou a dedicar-se especialmente à análise dos fundamentos das teorias da física e da epistemologia científica. A principal acusação levantada contra suas concepções era a de ser um pregoeiro do relativismo e do anarquismo intelectual. E os diálogos que são travados neste livro e que me proponho a levar ao conhecimento do leitor de língua portuguesa giram precisamente em torno desses dois focos. Neles, o autor procura tanto esclarecer e circunscrever a natureza e o alcance de seus pontos de vista, quanto os dos conceitos que os sustentam, de modo a infirmar os argumentos de seus ferozes adversários.

Por discutíveis que sejam algumas de suas concepções, a discussão e o modo de discuti-las são de grande riqueza, e o pensamento do qual são portadoras apresenta aspectos efetivamente vanguardeiros na abordagem de algumas das grandes preocupações da sociedade contemporânea na pauta do tecnicismo, da diversidade cultural e da individualidade da pessoa, da trans e multidisciplinaridade e das relações entre ciência, política e ética. Com esse largo espectro de exame, os *Diálogos sobre o Conhecimento* desenvolvem a dialética de um analista ousado e agudo, cujas proposições hão de incitar a reflexão quer nos caminhos da filosofia quer nos da física.

Não posso, entretanto, encerrar o meu breve comentário sobre as idéias desse pensador sem mencionar as dúvidas surgidas em relação aos seus vínculos com o nazismo, não só por Feyerabend ter sido criado na atmosfera da Alemanha de Hitler e participado da Segunda Guerra Mundial como combatente do exército germânico, mas também pela estranheza causada por algumas de suas declarações relativas às responsabilidades do povo alemão nos terríveis atos contra a humanidade em geral e os judeus em particular perpetrados pelo III Reich. A esse propósito cumpre-me dizer que essas colocações não podem ser interpretadas como uma defesa da ideologia e das práticas dos criminosos de Hitler, o que seria e é inaceitável, sob qualquer óptica, mas é mister analisá-las e compreendê-las no contexto do seu pensamento, que se empenha em transportá-las do plano coletivo para o da ética individual e, nesse sentido, relativizá-las.

GITA K. GUINSBURG

Fantasia Platônica

A cena se desenvolve numa célebre universidade durante um seminário. Uma pequena sala sombria, com uma mesa e algumas cadeiras. Olhando-se para fora, pela janela, vêem-se árvores, passarinhos, carros estacionados e duas escavadeiras, que procuram abrir um grande buraco. Lentamente, a sala povoa-se de uma variedade de personagens, entre os quais Arnold, um estudante sério, de óculos grandes, com uma porção de livros debaixo do braço e um ar desdenhoso no semblante; Maureen, uma atraente senhora de cabelos ruivos, que parece um pouco confusa; Leslie, um sujeito, ou ao menos, um tipo encrenqueiro, possivelmente também estudante, que tem todo o jeito de ser um cara criador de casos e de estar sempre pronto a desandar à mínima provocação; Donald, um indivíduo dificilmente classificável, armado de um caderno de anotações e de um lápis cuidadosamente apontado; Charles, um estudante coreano, de olhos irônicos debaixo dos óculos brilhantes; Seidenberg, um senhor idoso, com pesado acento centro-europeu, sem nada mais de fastidioso para o ambiente; Li Feng, um estudante chinês de física ou matemática, a julgar pelos títulos dos livros que coloca sobre a mesa; Gaetano, jovem e tímido, tem o ar de quem escreve poesia; Jack, um lógico de modos informais e com uma dicção precisa que contradiz a versão estadounidense dessa profissão, carrega uma grande sacola... Entra o doutor Cole, o professor, de uns trinta e dois anos, uma nova aquisição da faculdade, inteligente no sentido estrito do termo, acabou de concluir uma tese sobre o ceticismo, sob a orientação de Donald Davidson, e está pronto a disseminar o conhecimento tal como ele o entende.

Dr. Cole (*abre a boca*).

(*A primeira escavadeira elétrica estrondeia.*)

(*Estrondeia também a segunda escavadeira elétrica.*)

Leslie (*Faz um comentário e ri; Donald, que parece ter entendido, mostra-se gravemente ofendido*).

Dr. Cole (*distancia-se para pôr as coisas no lugar.*)

(*Duplo estrondo das escavadeiras elétricas.*)

(*Dez minutos depois, dr. Cole volta, gesticula em direção à porta, sai; os outros o seguem, com uma expressão resignada no rosto.*)

Maureen (*caminhando pelo corredor, vira-se para Arnold*) — É esta a aula de cozinha pós-moderna?

Leslie (*que percebeu o sentido, ri ruidosamente*) — A cozinha pós-moderna? Não há como enganar-se, o curso é este.

Arnold — Não é verdade! Este é um seminário sobre gnoseologia!

Leslie — E qual é a diferença? Que seja.

Maureen —Mas, na verdade, eu queria...

Dr. Cole (*gesticulando em direção a uma outra sala*) — Aqui dentro, por favor.

(*Agora estamos numa enorme sala sem janelas, com uma mesa e algumas cadeiras novíssimas, mas também muito incômodas.*)

Dr. Cole (*senta-se à cabeceira da mesa*) — Estou aborrecido com o atraso e a confusão. Finalmente podemos dar início ao nosso seminário sobre gnoseologia.

David e Bruce (*aparecem à porta*) — É este o seminário de filosofia?

Dr. Cole (*ligeiramente irritado*) — Um dos muitos. Há outros...

David (*guardando o prospecto*) — ...quero dizer, aquele sobre gno... gno...

Bruce — Gnoseologia.

David — Sim, é esse mesmo que queremos.

Dr. Cole (*mais irritado do que antes*) — Espero que saibam qual deles vão fazer. Por favor, sentem-se (*sentam-se a sua volta, ele abre a pasta, tira os apontamentos e uma cópia do Teeteto*[1]). — Bem, quero dizer que pensei que seria melhor ter um ponto de referência para a nossa discussão, de modo que ela não venha a dispersar-se, e por isso sugeri discutir hoje o *Teeteto* de Platão.

Jack — Não é algo um tanto atrasado no tempo?

Dr. Cole — Como assim?

Jack — Bem... (*tira da sacola um exemplar do diálogo*), esse tipo viveu há mais de dois mil anos, não conhecia nem a lógica nem a ciência moderna; assim, o que podemos aprender dele sobre o conhecimento?

Bruce — E você pensa que os cientistas sabem o que é o conhecimento?

Jack — Não falam dele, mas o produzem.

Bruce — Não sei qual ciência você tinha em mente, mas no meu campo, a sociologia, está em curso um debate sobre o "método correto". De um lado se diz que não se pode ter conhecimento sem a estatística. De outro, ao invés, dizem que é preciso ter a "prática" da área que se está examinando, de modo a estudar pormenorizadamente os casos individuais e descrevê-los, quase como faria um romancista. Houve apenas um pequeno escândalo a propósito de um livro, *A Transformação Social da Medicina Americana*; o autor, Paul Starr, discutiu alguns fenômenos interessantíssimos, tendo a seu favor a evidência, mas nada de números; autorizados sociólogos recusaram-se a tomá-lo a sério; outros, entretanto, também abalizados, defenderam-no, e criticaram a maneira pela qual a estatística é usada. Em psicologia são os comportamentalistas e os introspectivistas, os neurologistas e os psicólogos clínicos...

---

1. *Teeteto, ou Sobre o Conhecimento*, diálogo platônico de Sócrates com outras personagens, entre as quais figura o matemático Teodoro, que, ao discutir a posição de Protágoras sobre a "opinião verdadeira", vai buscar, a pedido de seu interlocutor, o "embora não belo, mas bem dotado intelectualmente" jovem Teeteto, para encetar uma investigação sobre a ciência. Esse diálogo foi um dos últimos escritos por Platão com o objetivo de demolir o relativismo e o ceticismo dos Sofistas.

Jack — Bem... as ciências sociais...

Bruce — São ciências ou não?

Jack — Vocês aí já viram elaborada uma coisa tão simples, bela e bem-sucedida como a teoria de Newton?

David — Naturalmente que não! As pessoas são mais complicadas do que os planetas! Tanto é assim que as maravilhosas ciências naturais de vocês nem ao menos se arriscam a tratar dos fenômenos atmosféricos...

Arthur (*que permaneceu junto à porta, à escuta, e agora adentra, voltando-se para Jack*) — Desculpe-me, não pude deixar de ouvir. Sou historiador da ciência e penso que vocês têm uma idéia acerca de Newton um pouco superficial demais. Antes de tudo, aquilo que chamaram de "simples e belo" não equivale àquilo que chamaram de "bem-sucedido" — ao menos, não em Newton. "Simples e belo" refere-se aos seus princípios básicos; "bem-sucedido" é o modo pelo qual ele os aplica. Nesse caso, ele usa uma coleção um tanto incoerente de novas assunções, dentre elas uma, segundo a qual Deus interfere periodicamente no sistema planetário a fim de impedi-lo que caia aos pedaços. E Newton faz, na verdade, filosofia. Ele se baseia num certo número de princípios que dizem respeito aos procedimentos corretos. Formula os princípios da pesquisa e insiste muito neles. A dificuldade é que ele viola esses princípios no próprio momento em que começa a fazer pesquisa. O mesmo vale para muitos outros físicos. Num certo sentido, os cientistas não são aqueles que fazem...

Jack — Certamente, quando começam a filosofar. Eu posso compreender que, entrando nessa área confusa, eles também se confundem.

Arthur — E sua pesquisa permanece inalterada, malgrado tal confusão?

Jack — Bem..., se a filosofia confunde até a pesquisa, é uma razão a mais para mantê-la fora da ciência.

Arthur — E como se faz isso?

Jack — Atendo-se o máximo possível à observação!

Arthur — E os experimentos?

Jack — Naturalmente, observações e experimentos!

Arthur — Por que os experimentos?

Jack — Porque as observações a olho nu nem sempre são confiáveis.

Arthur — Como você faz para sabê-lo?

Jack — Outras observações mo dizem.

Arthur — Quer dizer que uma observação lhe diz que você não pode confiar numa outra observação? Como?

Jack — Você não sabe como? Bem..., enfie um bastão na água; parece curvo, mas você sabe que é reto porque teve a sensação disso.

Arthur — Como faz para sabê-lo? A sensação de que ele era reto poderia ser enganosa!

Jack — Os bastões não se encurvam quando são imersos em água.

Arthur — Realmente? Não se diria isso seguindo a observação, como você me aconselhou. Olhe aqui (*pega um copo d'água, que estava diante do dr. Cole, e imerge nele o lápis*).

Jack — Mas o que me diz daquilo que você sente quando o toca?

Arthur — Bem... se devo ser honesto, o que sinto é frio, e não estou muito certo de poder julgar a forma do lápis. Mas suponhamos que eu consiga; então, tudo aquilo que estou com vontade de fazer, atendo-me a suas sugestões, é a compilação de um rol: o lápis se encurva quando é visto através da água, o lápis é reto quando é tocado na água, o lápis é invisível quando fecho os olhos... e assim por diante, e neste caso o lápis é definido pelo elenco.

Jack — Mas é absurdo — ele é sempre o lápis!

Arthur — De acordo, se quer falar de algo que tem uma propriedade estável mesmo se ninguém o observa, você pode fazê-lo, mas as observações devem correr de outro modo.

Jack — Está bem, concordo. Mas trata-se de simples senso comum, que não tem nada a ver com a filosofia.

Arthur — Ao contrário, tem sim! Muitos debates filosóficos, inclusive aquele contido no diálogo que temos a nossa frente, versam precisamente sobre tal questão!

Jack — Bem... se a filosofia é essa, você pode ficar com ela. Quanto ao que me diz respeito, manter que os objetos não são apenas elencos de observações, mas entidades com características próprias, é somente uma questão de senso comum — e os cientistas seguem o senso comum.

Arthur — Mas isso não é verdade, ao menos não esse gênero de senso comum! O que temos, dizia Heisenberg quando trabalhava num de seus primeiros escritos, são as raias espectrais, sua freqüência e sua intensidade; de modo que é preciso encontrar um esquema que nos diga como essas coisas se associam, sem postular "objetos" subjacentes. E depois de introduzir as matrizes, que são elencos, embora um pouco complicados.

Jack — De acordo. Agora direi que os cientistas pautam-se segundo o senso comum, a menos que a experiência não lhes diga algo diverso. Como quer que seja, não há necessidade alguma da filosofia.

Arthur — As coisas não são tão simples! Quando falei de "experiência", pretendi falar de complicados resultados experimentais.

Jack — Sim.

Arthur — E os experimentos complicados estão, muitas vezes, cheios de imperfeições, especialmente quando entramos num novo campo de pesquisa. Imperfeições, quer práticas — alguma parte da instrumentação não funciona como deveria —, quer teóricas — alguns efeitos são descurados ou calculados erroneamente.

Jack — Usemos o computador.

Arthur — Mas está dito que vocês estão salvos. Os computadores estão programados para efetuar aproximações, e estas podem acumular-se de modo a distorcer os resultados. Seja como for, são muitíssimos os problemas. Pense somente nas numerosas tentativas de descobrir um só pólo magnético, ou um quark isolado. Alguns os encontraram, outros não, outros ainda descobriram coisas trans...

Jack — O que tem a ver tudo isso com filosofia?

Arthur — Vou dizer-lhe dentro de um minuto! Como quer que seja, você concorda que não seria prudente presumir que todos os experimentos efetuados num novo campo dão, de repente, o mesmo resultado?

Jack (*dubitativo*) — Siiim?

Arthur — E assim, uma boa teoria, até mesmo uma teoria excelente, pode estar em dificuldade por causa de tal fenômeno. E por "boa" teoria entendo uma teoria que concorda com todos os experimentos isentos de pecha. E, como às vezes precisamos de anos, senão séculos, para remover os defeitos, temos necessidade de manter viva a teoria de qualquer modo, embora indo de encontro à evidência.

Jack — Séculos?

Arthur — Com certeza. Pense na teoria atômica! Foi introduzida por Demócrito já faz muito tempo. Desde então, foi criticada freqüentemente, e com excelentes razões, se se considerar o conhecimento da época. Por volta do fim do século passado, alguns físicos continentais consideravam-na um monstro antediluviano, motivo pelo qual não era incluída na ciência. Todavia, foi mantida viva, e isso constituiu um bem, porquanto as idéias sobre o átomo forneceram ótimas contribuições à ciência. Ou então, tome a idéia do movimento da Terra! Ela existia na Antigüidade; foi criticada severamente e de maneira assaz razoável por Aristóteles. Mas sua lembrança sobreviveu, e isso foi muito importante para Copérnico, que colheu a idéia e a levou ao triunfo. Por isso, é bom manter viva a teoria refutada. É bom não se deixar guiar somente pela experiência e pelos experimentos!

Jack — Mas, então, o que nos guiará? A fé?

Arthur — Não, nós somos cientistas, por conseguinte, procuraremos fazer uso das demonstrações. E as demonstrações de que necessitamos levarão em conta as observações, mas não lhe reconhecerão uma autoridade definitiva. Elas sustentarão a existência de um mundo independente daquele do qual nos falam as observações disponíveis, mas apto a sustentar uma refutada tese particular.

Jack — Mas isso é metafísica!

Arthur — Precisamente! A gente pode escolher: fazendo ciência de um modo produtivo, é possível apoiar-se na fé ou na razão. Nesse último caso, precisaremos nos tornar metafísicos, porquanto a metafísica é definida como uma disciplina que não se baseia na observação, mas examina as coisas independentemente daquilo que a observação parece nos dizer. Numa palavra, a boa ciência tem necessidade de argumentos metafísicos para continuar a se desenvolver; hoje ela não seria o que é sem essa dimensão filosófica.

Jack — Bem... terei de pensar nisso! Como quer que seja, uma filosofia desse gênero estaria estritamente conectada à pesquisa — e, em vez disso, o que encontramos aqui, em Platão (*indica o livro*)? Um diálogo, quase uma telenovela, um monte de conversa fiada daqui e de lá...

Gaetano — Platão era um poeta...

Jack — Bem... se era, então a minha opinião está confirmada; não é certamente este o gênero de filosofia de que temos necessidade!

Arnold (*para Gaetano*) — Não penso que se possa afirmar que Platão era um poeta! Ele disse coisas muito duras sobre a poesia, de fato falou de uma "longa batalha entre filosofia e poesia" e alinhou-se firmemente ao lado dos filósofos.

Jack (*voltando ao ataque*) — É pior do que eu pensava! Não lhe agradava a poesia e não sabia como escrever um ensaio decente, por isso caiu numa versão enfadonha da poesia...

Arnold — Alto lá! Alto lá! Permita que eu me explique! Platão é contrário à poesia. Mas é também contrário a qualquer coisa que se poderia chamar prosa científica. E ele o diz de um modo bastante explícito...

Maureen — Aqui, neste diálogo?

Arnold — Não, em outro diálogo, *Fedro*. Ele insinua que o ensaio científico é, em grande parte, uma fraude.

Bruce — Não havia um artigo que se intitulava *É o ensaio científico uma fraude?*

Arthur — Sim, você tem razão, é de Medawar, um laureado do prêmio Nobel, mas não me lembro onde o vi.

Arnold — Seja como for, aquilo que preocupava Platão era o fato de que um ensaio fornece resultados e talvez algumas demonstrações, mas diz a mesma coisa, repetidas vezes, quando a gente propõe uma pergunta.

Arthur — Bem... também um diálogo escrito diz a mesma coisa repetidas vezes; a única diferença é dada pelo fato de que a mensagem é repetida não apenas por uma só personagem, mas por muitas. Não, a dificuldade do trabalho científico é que ele lhe conta uma fábula. Quando Thomas Kuhn[2] entrevistou os participantes da revolução quântica ainda vivos na época, eles repetiram, de início, aquilo que aparecia impresso. Mas Kuhn se preparara bem. Lera cartas, relatórios informais, e todos esses documentos diziam alguma coisa de muito diferente. Ele indicou a circunstância e, pouco a pouco, as pessoas começaram a recordar aquilo que havia realmente acontecido. Também Newton corresponde a esse modelo. No fim das contas, depois de tudo, fazer perguntas significa interagir com materiais altamente idiossincráticos...

Jack — Trata-se da típica instrumentação experimental.

Arthur — Quão pouco sabem vocês, lógicos, daquilo que sucede nos laboratórios e nos observatórios! A instrumentação típica funciona para a perda de tempo típica, não para a pesquisa que procura impelir os limites um pouco mais além. Nesse caso, ou você usa a instrumentação típica de um modo atípico, ou então precisa inventar coisas inteiramente novas, cujos efeitos colaterais não lhe são familiares, de forma que deve aprender a conhecer o seu aparelho como se faz com uma pessoa, e assim por diante — nada de tudo aquilo que se apresenta nos relatórios tradicionais que são publicados. Mas a questão agora é discutida em conferências, seminários e pequenos colóquios. Tais discussões, onde um argumento é definido e mantido à superfície graças ao debate contínuo, constituem uma parte absolutamente necessária do conhecimento científico, sobretudo lá onde as coisas se movem de maneira muito veloz. Um matemático, um físico de altas energias, um biólogo molecular, que conhecem somente os tratados mais recentes, não só estão atrasados em meses, como não sabem sequer sobre o que versa a obra impressa; ela poderia também escapar-lhes inteiramente. Também li *Fedro*, e esse me parece ser precisamente aquilo que Platão pretendia; ele queria uma "troca viva", como o denomina; e é essa troca, e não a sua reprodução estilizada*, que ele define como

---

2. Vide *A Estrutura das Revoluções Científicas*, de Thomas S. Kuhn, trad. brasileira, São Paulo, Perspectiva, 1976.

conhecimento. Naturalmente, Platão utilizou diálogos, e não prosa científica, que também existia em seu tempo e já estava bem desenvolvida. Como quer que seja, o conhecimento não está contido no diálogo, mas, sim, no debate de onde brota, e que o participante recorda quando lê o diálogo. Direi que ao menos, a esse respeito, Platão é muito moderno!

Donald (*com voz queixosa*) — Por que não podemos começar agora com Platão? Temos um texto — todo esse palavrório sobre ciência está acima de meu alcance e, além disso, não cabe num seminário sobre gnoseologia. Nós devemos definir o conhecimento...

Maureen — Ainda estou confusa; é este curso de...

Leslie — ...de cozinha pós-moderna? Naturalmente que sim! Mas há razões. Quero saber um pouco mais sobre Platão. Dei apenas uma olhada na última página (*pega uma cópia do diálogo que estava com Donald e indica um trecho*) e a julgo muito estranha. Quando tudo acaba, Sócrates vai a julgamento. Mas ele não foi morto?

Dr. Cole — Bem... penso que deveremos começar pelo início.

Seidenberg — Posso dizer uma coisa?

Dr. Cole (*levanta os olhos para o teto com um ar desesperado*).

Seidenberg — Não, creio que é importante. De início pensei que esse senhor aí (*aponta para Leslie*) não estivesse muito interessado na filosofia.

Leslie — Pode muito bem dizê-lo...

Seidenberg — Não, não, não é verdade. Olhe! (*Voltou sua atenção para a última página e repentinamente mostrou interesse*).

Leslie — Bem, é um pouco estranho...

Seidenberg — De modo algum! É verdade, Sócrates foi acusado de impiedade e precisou apresentar-se perante a assembléia geral. A condenação à morte era uma conseqüência possível. Em outro diálogo, o *Fédon*, ele já estava condenado à morte, presume-se que deva beber o veneno ao pôr-do-sol. Ele assim o faz e morre, precisamente no fim do diálogo.

* No original, em inglês, *streamlined cross-section*, que significa literalmente "seção transversal aerodinâmica".

Maureen (*que está ficando menos confusa e mais interessada*) — Quer dizer que Sócrates falava de filosofia sabendo que estava para morrer?

Leslie — Estranho! Um professor que fala e fala, embora saiba que seus verdugos estão realmente esperando por ele fora da sala de aula. Como é possível isso?

Seidenberg (*excitado*) — Não é só isso! Os dois personagens principais do diálogo que o professor Cole pretende ler conosco, Teeteto e Teodoro, eram personagens históricos, ambos eminentes matemáticos. E Teeteto — é dito na introdução — fora gravemente ferido numa batalha e pouco depois morreu de disenteria. Num certo sentido, o diálogo foi escrito em sua memória, em memória de um grande matemático que também havia sido um valoroso combatente. Estas são coisas muito interessantes. Em primeiro lugar, pelo fato de ser um diálogo; de não ter nada a ver com a poesia, se entendida superficialmente como um discurso ligeiro; de derivar de uma concepção especial do conhecimento e de esta concepção estar muito viva ainda hoje em dia, como diz Arthur, não "em matérias atrasadas" (*lança uma olhada para Jack*), mas entre as disciplinas mais respeitadas e de desenvolvimento mais rápido, como a matemática e a física das altas energias. Em segundo lugar, encontra-se aquilo que se poderia chamar de "dimensões existenciais", vale dizer, o modo pelo qual a conversação inteira está inserida nas situações extremas da vida real. Eu me dou conta de que isso é muito diferente de grande parte da filosofia moderna, que só analisa as propriedades lógicas dos conceitos e pensa que isto seja tudo o que se pode dizer a seu respeito.

David (*hesitante*) — Li o diálogo porque queria estar preparado para a aula. Até eu fiquei surpreso com o final, mas não vejo que efeito poderia ter sobre o debate, que se assemelha muito a uma aula como aquela que eu também assisti; alguém diz que o conhecimento é experiência...

Dr. Cole — Percepção...

David — ...Bem...que o conhecimento é percepção, algum outro oferece contra-exemplos, e assim por diante. É verdade, o diálogo é um pouco palavroso, mas nele não se faz nenhuma referência à morte. Ao fim, Sócrates imprevistamente diz que deve ir ao tribunal. Poderia também dizer que estava com fome e que iria cear. Seja como for, parece aposto apenas para produzir efeito e não acrescenta nenhuma dimensão existencial aos conceitos...

Seidenberg — Mas no *Fédon*...

Charles — Eu o tenho aqui (*soergue um livro*). Penso que seja ainda pior. De fato, como começa? Sócrates está em companhia de alguns de seus admiradores. E eis sua mulher (*lê o texto do livro*) "com seu filho nos braços". Ela chora e lhe diz: "agora, seus amigos virão falar com você pela última vez, Sócrates" — pelo menos conforme o relato um pouco desdenhoso fornecido por Fédon, o principal interlocutor. "Ela diz todo gênero de coisas que as mulheres estão propensas a dizer em certas ocasiões" — tal é o modo como ele fala dela. E Sócrates o que faz? Pede a seus amigos que a conduzam para casa a fim de que ele possa falar de coisas mais elevadas. É um tanto insensível, diria.

Maureen — Mas ele está para morrer!

Charles — Por que deveria alguém jamais ser levado a sério e por que se deveria permitir que se comportasse como um bastardo só porque ele está para morrer?

Bruce — E por culpa dele mesmo!

Maureen — O que pretende dizer com isso?

Bruce — Não será, talvez, verdade que ele proferiu a sua arenga diante de uma assembléia geral que o condenara, mas lhe dera a possibilidade de defender-se? E Sócrates escarneceu deles — leia a *Apologia*! Depois disso, condenaram-no por uma margem ainda mais ampla. Tratara a assembléia com o mesmo cuidado que havia dispensado a sua mulher e ao filho.

Maureen — Mas morreu por suas idéias, não cedeu.

Charles — Tampouco Goering, no processo dos nazistas. "É o poder" — disse ele — "que decide uma questão, e nós o desfrutamos enquanto esse durou". E depois se suicidou, realmente como Sócrates.

Seidenberg — Não acho que se deveria comparar as pessoas desse modo.

Leslie — Por que não? Ambos são membros da raça humana! Charles tem realmente razão. Morrer pelas próprias idéias não produz automaticamente santos. Veja o que se diz aqui — encontrei justamente o trecho. O que significa o número 173 escrito à margem?

Dr. Cole (*querendo falar*).

Arnold (*mais rápido do que dr. Cole*) — É o número da página da edição crítica à qual os estudiosos fazem normalmente referência...

Leslie — Estranho!

Arnold — Não, é prático. Há muitas edições, traduções etc. todas diferentes umas das outras. Em vez de fazer referência a uma obscura tradução que ninguém conhece, mas que por acaso acabou entre suas mãos, dá-se este número da edição crítica...

Leslie — ...de toda maneira, parece que diz aqui haver uma diferença entre o cidadão comum e o filósofo. Ora, agrada-me aquilo que é dito do filósofo — "Ele vaga à vontade de um argumento ao outro e do segundo a um terceiro"—, isto é, o modo do qual havíamos falado e que é, pois, o motivo por que estamos ainda aqui. Mas depois é dito que "um advogado" anda sempre depressa, porque há limites de tempo nos tribunais: ele ridiculariza o advogado que anda sempre depressa e diz que "a comida muitas vezes preserva sua vida". Bem, tenho a impressão de que não pretende referir-se somente aos advogados, mas também aos cidadãos comuns. Estes não têm tanto dinheiro quanto Platão, e precisam cuidar da família e dos filhos. Um modo de pensar que ocupa uma vida inteira apenas para propor simples perguntas não lhes é de nenhuma utilidade — morreriam logo de fome. Eles precisam pensar de forma diferente. E, em vez de simpatizar com sua difícil condição e prezar as soluções por eles encontradas, Sócrates escarnece deles e os trata com desprezo, como procedeu com a assembléia.

Dr. Cole — Bem... isso é Platão e não Sócrates...

Leslie (*um pouco enraivecido*) — Platão, Sócrates, não me importam nada! A idéia de filosofia que aparece justamente aqui, neste diálogo, com sua "dimensão existencial", implica que, quando se pensa e se age para sobreviver e manter a própria família, a gente merece ser tratada com desprezo.

Gaetano — Penso que pode achar alguma coisa aqui (*tira um livro de sua bolsa*), tenho uma tradução alemã, com uma introdução de Olof Gigon, um eminente estudioso dos clássicos. Ele comenta o fato de que Sócrates manda embora a mulher e o filho. O que diz? "Ambos representavam o mundo da humanidade simples e não dedicada à filosofia, que merece respeito, mas deve arredar um passo quando a filosofia entra em cena". "Deve arredar um passo" significa que a gente comum, que carece da sutileza filosófica, não conta quando um filósofo, que pode ser também um marido, abre a boca.

Maureen — Então toda essa fala da morte é somente papo furado.

Gaetano — Não, não creio. Platão queria, na verdade, enfatizar aquela que, segundo ele, era o conhecimento correto, ligando-a com uma nova visão da morte. Bem, pelo menos dispõe de um horizonte mais amplo do que aquele que possuem (*voltando-se para Jack*) os seus cientistas...

Charles — Qualquer fascista tem à disposição aquilo que você chama "um horizonte mais amplo", porque para ele a ciência é somente "parte de um todo maior", ou qualquer outra coisa que se diga a esse propósito...

Seidenberg (*hesitante*) — Fico um pouco preocupado com o modo pelo qual estão falando de Platão. Sei que hoje está fora de moda o respeito à cultura e posso compreender o motivo; freqüentemente tem-se feito um uso perverso da cultura. Penso, todavia, que os senhores estão exagerando um pouco. Pertenço a uma geração na qual o conhecimento e a difusão da cultura eram assuntos sérios. Todos sabiam que havia os estudiosos e os respeitavam, inclusive a gente pobre. Para nós, intelectuais, os filósofos e os poetas eram pessoas que nos forneciam luzes, que nos mostravam a existência de algo mais além da vida miserável que estávamos vivendo. Veja, provenho de uma família muito pobre, da gente comum da qual estavam falando; mas não penso que vocês a conheceram deveras, ao menos não conhecem a gente pobre da região de onde provenho. "Nosso filho" — disseram-me meus pais — " deveria ter aquilo que nós não pudemos ter, deveria ter uma educação. Deveria estar em condições de ler os livros que nós pudemos olhar só de longe e que não teríamos compreendido se os tivéssemos tido em mãos." Assim, trabalharam e economizaram durante toda a vida a fim de que eu pudesse receber uma educação. Também eu trabalhei como aprendiz de encadernador. E lá, um dia, tive entre as mãos uma edição em catorze volumes da obra de Platão. Estava um pouco maltratada, cabia-me de fato preparar uma nova capa. Vocês não podem imaginar como eu me sentia. Para mim, era como a terra prometida, mas havia muitos obstáculos. Certamente eu não poderia comprar e ter aqueles livros. Mas, admitindo-se que os tivesse comprado, poderia eu compreendê-los? Abri um volume e encontrei uma passagem na qual Sócrates estava falando. Não me lembro o que dizia, mas lembro-me muito bem que eu sentia como se ele estivesse falando comigo, de um modo gentil, elegante e um pouco irônico. Depois chegaram os nazistas. Alguns estudantes já eram partidários do nazismo — e me desagrada dizer, senhores, mas o modo como falavam assemelhava-se muito ao de vocês — havia desprezo na voz. "Estes são novos tempos" — disseram eles — "de maneira que vamos esquecer todos os escritores antigos!" Concordo que Platão, amiúde, evita os problemas banais, e de vez em quando faz troça, mas não acho que zombe das pessoas que aí estão envolvidas. Ele zomba dos sofistas, os quais afirmavam dogmaticamente que não existe nada. De fato, a gente comum, ao menos a gente comum que eu conheço, não é assim. Espera uma vida melhor, se não para si, para os próprios filhos. Saibam, há uma coisa interessante sobre a datação dos diálogos. Os primeiros diálogos de Platão escritos após a morte de Sócrates nada tinham a ver com sua morte. Eram comédias como o *Eutidemo* ou o *Jônio*, plenos de argúcia e de ironia. A *Apologia*, o *Fédon* e o *Teeteto* vieram depois, presumivelmente depois de Platão haver assimilado a doutrina pitagórica da vida ultraterrena. Até a morte assume um aspecto diferente — é um início e não um fim. E é também verdade que Sócrates, o verdadeiro Sócrates, não engolia, como vocês dizem na língua de vocês, a democracia com todos os seus anexos e conexos. Via que ela apresentava problemas. Diz-se que escarnecia da democracia como sendo aquela instituição na qual um macaco se torna um cavalo, quando um número suficiente de pessoas vota nesse sentido. Bem, não é esse um problema a ser enfrentado ainda hoje? — quando discutimos sobre o papel da ciência na sociedade e, especialmente, na sociedade democrática? Nem tudo pode ser decidido por meio do voto, mas onde fica a linha divisória! E quem é que vai traçá-la? Para Platão, a resposta era clara: as pessoas que estudaram o problema, os homens sábios, a eles caberá traçar a linha divisória! Os meus pais e eu pensávamos exatamente a mesma coisa. Naturalmente, Platão tinha dinheiro e mais tempo à disposição, mas não é acusado por isso. Ele não gasta seu dinheiro como os outros membros de sua classe em aventuras amorosas, corridas de cavalo e jogos políticos do poder. Ele amava Sócrates, que era pobre, feio e desmazelado. Falou dele em seus escritos não apenas para honrá-lo, mas também para lançar os fundamentos de uma vida melhor, precisamente como o movimento pacifista moderno luta por uma vida melhor. Lembrem-se — aquela era a época da Guerra do Peloponeso, de atrocidades políticas; a democracia foi revirada, renovada, tramaram contra ela conspirações. Em suma, queria dizer que deveríamos ser gratos a essas pessoas, em vez de zombar delas...

Li Feng — Compreendo o que pretende dizer, senhor, e estou de pleno acordo, não só porque penso que uma comunidade ou uma nação tem necessidade de homens sábios, mas também porque penso que uma vida sem uma migalha de respeito por alguma coisa é uma vida bastante superficial. Mas percebo um problema lá onde esse respeito não é equilibrado com um pouco de sadio ceticismo. Julgo que a história recente de meu país seja um bom exemplo...

Gaetano — Mas há exemplos mais próximos de nós; pode acontecer que sejam banais, se comparados àqueles dos quais você fala (*voltando-se para Li Feng*), mas penso que constituem o motivo pelo qual Leslie e Charles reagiram tão violentamente. Aqui, alguns professores e alguns doutores falam dos luminares eminentes em sua profissão como se fossem divindades; não sabem escrever uma linha sem citar Nietzsche, Heidegger ou Derrida, e parece que para eles a vida consiste em ficar pulando aqui e ali entre uns poucos ícones. Ele, senhores (*voltando-se para Seidenberg*), viveu muito provavelmente num tempo e numa comunidade na qual as criaturas tinham uma relação pessoal com os próprios sábios e com aquilo que diziam. Não creio que exista hoje uma relação pessoal análoga, o que há é uma forte pressão pessoal para o conformismo e, sobretudo, em vez da conversação viva que Platão queria, temos frases vazias combinadas de maneira esquemática. Trata-se de um fenômeno odioso — há pouco motivo para espantar-se se Leslie e Charles explodem quando vêem qualquer coisa similar ou aparentemente similar num autor antigo. Além disso, é algo diferente o modo democrático de olhar as pessoas e o modo pelo qual parece que os atenienses teriam olhado Sócrates. "Sim, esse Sócrates" — creio que teríamos dito — "nós o conhecemos: é um pouco tolo, não tem nada melhor a fazer do que ficar junto das pessoas para importuná-las, mas não é mau sujeito e muitas vezes diz coisas bastante inteligentes." Riam dele quando o viam representado em cena, nas *Nuvens* de Aristófanes — e parece que Sócrates ria junto com eles. O respeito está unido ao ceticismo e, às vezes, ao escárnio. Podemos ir adiante. Se podemos confiar em Heráclito, então parece que a gente de Éfeso diria qualquer coisa do gênero: "não queremos ninguém que seja melhor do que nós — que essa pessoa vá viver em outra parte e com outra gente". Creio que tal atitude tinha perfeitamente sentido. Isto não significa que todas as pessoas dotadas de conhecimentos especiais devam ser caçadas, mas somente aquelas que por causa de seu conhecimento especial querem um tratamento especial! Como quer que seja, a derrisão é mil vezes melhor do que o assassínio ou que a crítica mortalmente séria que eleva o crítico à estatura atribuída à pessoa criticada. Suspeito que seja esse o verdadeiro motivo pelo qual escritores sem talento se estendem a respeito de outros escritores sem talento, insistindo que devam ser tomados a sério.

Dr. Cole — Acho que estamos nos afastando muito do nosso argumento. Além disso, não se pode julgar um autor por umas poucas linhas extrapoladas do contexto. Então, por que não começamos a ler o diálogo de um modo mais coerente e decidimos, depois, quais são os seus méritos? Platão tem a dizer alguma coisa de muito interessante sobre o conhecimento, por exemplo, sobre o relativismo. Sem dúvida vocês ouviram falar de relativismo.

Charles — Pretende dizer Feyerabend?

Dr. Cole (*chocado*) — Não, certamente não. Mas nós somos pessoas competentes que julgamos possuir argumentos para demonstrar que qualquer coisa que se diga, e qualquer motivo que se dê para aquilo que se diz, depende do "contexto cultural", isto é, do modo de viver do qual se faz parte.

Li Feng — Isso significa que as leis científicas não são universalmente verdadeiras?

Dr. Cole — Sim! Elas são corretas para quem pertence à civilização ocidental, são corretas em relação aos seus procedimentos e em face dos critérios desenvolvidos por essa civilização, porém não só não são verdadeiras, mas com certeza elas não têm sentido numa cultura diferente.

Jack — Porque as pessoas não as compreendem.

Dr. Cole — Não, não apenas porque elas não as compreendem, mas porque os critérios para avaliar o que tem sentido e o que não tem são diferentes. Colocadas diante das leis de Kepler, não dizem apenas: "O que significa isso?", porém acrescentam: "Trata-se de um discurso sem pé nem cabeça".

Bruce — Alguém jamais lhes perguntou isso?

Dr. Cole — Não sei, mas é irrelevante; os relativistas não fazem disso uma questão lógica.

Jack — Isso significa que eles não dizem "Os Afar"[3], quando estão diante da teoria de Newton, mas dizem: 'Isso não tem sentido'", se bem que "Julgada segundo os critérios implícitos no sistema de pensamento desenvolvido pelos Afar, a teoria de Newton não tem sentido".

Dr. Cole — Sim.

Jack — O que presume que os Afar — ou, sob esse ponto de vista, qualquer que seja a cultura — tenham um sistema de pensamento que pode ser usado para proferir tais juízos.

Dr. Cole — Naturalmente.

---

3. Grupo étnico que habita a região compreendida entre o Mar Vermelho e a Etiópia.

Jack — Nesse caso, se a teoria de Newton não tem sentido para uma cultura ou um período, como poderiam aprendê-la as pessoas pertencentes a tal cultura e como pôde a própria teoria vir a existir?

Bruce — Estas são as revoluções — você não leu o livro de Kuhn? As passagens entre as diversas formas de pensamento revolucionam os critérios, os princípios básicos e tudo o mais.

Jack — São meras palavras! Não conheço Kuhn muito bem, mas eu me pergunto como se leva adiante uma revolução desse tipo. As pessoas não raciocinam durante as revoluções?

Bruce — Exato.

Jack — Dizem coisas sensatas?

Dr. Cole — Num certo sentido, não.

Charles (*desdenhosamente*) — Dizendo num certo sentido, pretende dizer: segundo a tese pela qual as argumentações têm sentido somente em relação a um sistema.

Dr. Cole — Sim.

Charles — Mas Jack pôs mesmo em discussão essa tese, de tal modo que não posso utilizá-la para responder a sua pergunta, vale dizer: as argumentações transicionais terão sentido? É preciso encontrar uma resposta diferente.

Dr. Cole — Como?

Charles — Por exemplo, examinando o modo pelo qual as pessoas reagem a tais argumentações.

Dr. Cole — Bem, a história nos ensina que se formam novos grupos, e os velhos desaparecem...

Charles — E isso, segundo o senhor, provaria que as argumentações transicionais não têm nenhuma força?

Dr. Cole — Não é mais questão de argumentações, mas de conversões. Formam-se novos grupos que têm critérios novos.

Charles — Não corra demais! Antes de tudo, os fatos que o senhor aduz não são justos. Por exemplo, muitos aristotélicos tornaram-se copernicanos quando leram Copérnico ou Galileu, ou ouviram falar de Galileu. Naturalmente havia novos grupos, mas esses grupos foram dissuadidos de suas velhas convicções por meio de procedimentos que também foram mantidos a seguir. Não houve, aqui, uma mudança completa do "sistema". Em segundo lugar, admitindo-se que seja uma questão de conversão, ao que deveriam converter-se essas pessoas? Ou o sistema já existe e, então, não temos nenhuma conversão, ou não existe e, então, não se converte em nada. Não, as coisas não podem ser tão simples. O que eu queria dizer é que as argumentações transicionais têm sentido, mas não para todos, porquanto não existe argumentação alguma que tenha sentido para todos; elas têm sentido para alguns, e isso significa que a tese segundo a qual há "sistemas" que por si sós dão significado àquilo que se diz deve ser equivocada.

Jack — É exatamente o que eu quero dizer. A necessidade lógica de uma argumentação depende dos critérios em que se baseia e uma revolução muda os critérios. Então, parece que uma revolução não pode basear-se em argumentações, ou que a irrefutabilidade das argumentações não depende de um "sistema de pensamento" — nesse último caso, o relativismo é falso. De outra parte, se fosse verdadeiro, estaríamos encravados para sempre num sistema, até que um milagre nos fornecesse um outro sistema ao qual estaríamos presos daí por diante. Estranha opinião.

Donald — Platão discute essa opinião?

Dr. Cole — Ele coloca em discussão um dos primeiros relativistas da história ocidental, Protágoras.

Bruce — E o relativismo não fez qualquer progresso desde então?

Dr. Cole — Sim e não. A posição básica ainda é muito semelhante à de Protágoras, mas há muitos expedientes protetores que fazem a coisa parecer mais difícil do que ela é na realidade.

Bruce — Isso significa que Protágoras diz aquilo que dizem os relativistas modernos, mas de um modo mais simples.

Dr. Cole — Poder-se-ia dizer assim. Mas agora, finalmente, comecemos com o diálogo.

Li Feng — Onde, por favor?

Dr. Cole — Aqui, na linha 146... Sócrates pede a Teeteto que defina o conhecimento.

Arthur — Acho isso um absurdo.

Jack — A que você se refere?

Arthur — À tentativa de definir o conhecimento.

Jack — Trata-se do procedimento usual na ciência e alhures. Se uma expressão é longa e incômoda, então decide-se introduzir uma abreviação e a frase que expõe aquilo que é abreviado é a definição.

Arthur — Mas a situação aqui é contrária àquela que você descreveu! O conhecimento já existe, há as artes e os misteres, as várias profissões, Teodoro e Teeteto possuem uma considerável quantidade de conhecimentos matemáticos e presume-se que Teeteto caracterize esse conjunto vasto e pouco manejável com uma fórmula breve. Não se trata de abreviar uma fórmula longa, porém de encontrar uma propriedade comum entre os elementos de um conjunto variado que, além do mais, muda constantemente.

Jack — Bem, de qualquer modo, é necessário também traçar uma linha, especialmente hoje, quando há em circulação gente que quer ressuscitar a astrologia, a bruxaria, a magia. Algumas coisas são conhecimentos, outras não — concorda com isso?

Arthur — Com certeza. Mas não creio que se possa traçar uma linha de uma vez por todas, e com a ajuda de uma simples fórmula. Não penso tampouco que se possa traçá-la como se fosse um regulamento de tráfego. Os limites emergem, apagados, desaparecem novamente, enquanto são parte de um processo histórico muito complexo...

Jack — Mas não é assim. Os filósofos traçaram freqüentemente linhas e definiram o conhecimento...

Arthur — ...e quem usou suas definições? Veja. Newton traçou uma linha quando defendia sua pesquisa na óptica e imediatamente a ultrapassou. A pesquisa é muito complicada para seguir linhas simples. E Teeteto sabe disso! Sócrates pergunta: "O que é o conhecimento?" Teeteto replica...

Donald — Onde?

Arthur — Em alguma parte, perto da linha 146. Bem, ele replica que o conhecimento é "toda a ciência que ele aprendeu de Teodoro — a geometria e tudo aquilo que acabei de mencionar" — ele está falando da astronomia, da harmonia e da aritmética. E, continua: "desejaria incluir a arte dos sapateiros e dos outros artesãos; essas são todas formas de conhecimento". Eis uma ótima réplica: o conhecimento é um assunto complexo, é diferente nas diversas áreas, talvez a melhor resposta à pergunta "o que é o conhecimento?" seja um elenco. De minha parte, ajuntaria os pormenores e citaria as várias escolas que existem em cada matéria. Como quer que seja, a idéia de que o conhecimento e, a esse respeito, também a ciência possam ser aprisionadas numa simples fórmula, é uma quimera.

Arnold — Ela não é uma quimera, é um fato. A ciência, por exemplo, pode ser caracterizada como aquilo que pode ser criticado.

Bruce — Mas qualquer coisa pode ser criticada, não apenas o conhecimento.

Arnold — Bem, devo ser mais preciso: a gente tem o direito de reivindicar a qualificação do conhecimento somente se a pessoa que apresenta tal pedido pode dizer com antecipação em qual circunstância o retiraria.

Leslie — Essa não é uma definição de "conhecimento", mas antes de "reivindicação de conhecimento".

Arthur — Não importa, ao contrário, agora posso formular minha objeção ainda mais claramente: segundo sua definição de "reivindicação de conhecimento", as teorias mais científicas não entram em tais reivindicações, porquanto, dada uma teoria complexa, dificilmente os cientistas sabem antecipadamente quais circunstâncias particulares os farão desistir dela. Muitas vezes, a teoria contém hipóteses escondidas, das quais tampouco se está ciente. Novos desenvolvimentos levam ao palco essas assunções — aí sim, então, a crítica pode começar.

Li Feng — Pode dar algum exemplo?

Bruce — Sim, a hipótese da velocidade dos sinais infinitos se faz notar somente com a teoria da relatividade especial. Segundo sua definição, presume-se que se poderia dizer em 1690 o que teria acontecido à teoria de Newton em 1919, o que é absurdo. É esse o gênero de absurdidade que está contido na solicitação de definir o "conhecimento". Novos temas entram constantemente em cena e velhos temas mudam, vale dizer que a definição deverá ser muito longa, compreender uma porção de qualificações e estar sujeita a modificações.

Arnold — Mas você deverá, no entanto, dispor de um critério para separar os argumentos falsos dos genuínos, e precisará formular tal critério independentemente dos argumentos existentes, pois de que outro modo poderá julgá-los objetivamente?

Arthur — "Objetivamente" — estas são apenas palavras. Não acha que uma coisa tão decisiva como os critérios que definem o conhecimento devam ser examinados com grande cuidado? E se já foram examinados, então foi levada a efeito uma análise acerca dos critérios e tal indagação será ela mesma guiada por critérios, pois é simplesmente impossível colocar-se por fora do conhecimento e da indagação. Ademais, suponhamos que exista um critério à disposição. Isso não basta. Pode haver também à disposição algo que esteja de acordo com o critério, algo de outro modo vazio. Duvido que hoje alguém dedicasse muito tempo para encontrar a definição correta do "unicórnio".

Arnold — Estou muito inclinado a admitir que o meu critério possa desmascarar qualquer coisa como um engano...

Bruce — Bem, você não continuará a usar alguma dessas coisas enganosas, separando-as das outras? Por exemplo, não continuará a dar fé a certos físicos de preferência a outros? Ou a fiar-se num astrônomo que predisse um eclipse solar, mas não num astrólogo que predisse um terremoto? Se for assim, então o seu critério revela ser ele mesmo um engano; do contrário, logo estará morto.

David — Mas algumas definições são necessárias para fins legais. Por exemplo, para as leis que separam a Igreja do Estado e exigem que a ciência, mas não as concepções religiosas, seja ensinada nas escolas públicas. Não será esse o caso dos fundamentalistas que têm tentado introduzir algumas de suas idéias na escola elementar, chamando-as de teorias científicas?

Arthur — É verdade, no Arkansas. Os peritos forneceram atestados e algumas definições simples, e assim o negócio foi feito.

Charles — Bem, isto demonstra somente que a prática legal precisa ser melhorada.

Donald — Não podemos voltar ao diálogo? Vocês dizem que basta um elenco, mas Sócrates levanta objeções!

Arthur — Qual é a objeção dele?

Maureen — Ele quer uma coisa só, não muitas.

Bruce — É exatamente aquilo sobre o que acabamos de falar — ele não pôde encontrar uma definição análoga que tivesse *também* um conteúdo.

Maureen — Mas se há uma só palavra, "conhecimento", por que não há também uma coisa única?

Arnold — "Círculo" é uma palavra só, mas há o círculo geométrico, o círculo de amigos que não devem sentar-se em torno do círculo geométrico; o raciocínio circular, isto é, aquele que presume aquilo que deve ser provado sem mover-se sobre o traçado do círculo geométrico...

Maureen — Bem, não é o mesmo caso! Há um círculo originário e os outros são expressões, bem, aquilo que chamam...

Gaetano — Metáforas?

Li Feng — Analogias?

Leslie — Não tem importância — uma palavra, muitos significados, muitas coisas. E Sócrates presume que coisas do gênero não acontecem jamais...

Gaetano — Ademais, na passagem que precede a indagação...

Leslie — Onde?

Gaetano — Perto do fim da página 145 — mas você não a encontrará na edição inglesa, deve consultar o grego — ele já usa três palavras diferentes, *episteme* (e o verbo correspondente), *sophia* (e outras duas formas com a mesma raiz) e *manthanein*.

Leslie *(caçoando gentilmente de Seidenberg)* — Seu grande e sábio Platão?

Li Feng — Mas o próprio Teeteto sugere o modo pelo qual o conhecimento poderia ser unificado. É verdade, aquilo que Sócrates diz não é só dogmático, mas também incoerente. Por isso, Teeteto tenta torná-lo sensato, e o faz de uma maneira interessante. Para preparar sua proposta descreve uma descoberta matemática feita por ele e por um amigo seu, tempo atrás.

Donald — Procurei compreender aquela passagem, mas não faço idéia a que ela se refere.

Li Feng — Mas é, na verdade, muito simples. Aqui se parte da metade da página 147 — da 147d 3, para ser preciso.

Leslie — O que significa isso?

Arnold — Significa a página 147 da edição crítica — lembra-se? — seção daquela página (toda página da edição crítica é subdividida em seções, por comodidade), linha 3.

Li Feng (*lê*) — "Teodoro estava traçando diagramas para demonstrar-nos algo sobre quadrados..."

Donald — O meu texto não reza assim...

Leslie — Tampouco o meu. Aqui diz: "Teodoro estava transcrevendo para nós algo sobre raízes..."

Dr. Cole — Bem, cedo ou tarde devíamos nos deparar com esse problema — nem todas as traduções são iguais.

Donald — Os tradutores não sabem grego?

Dr. Cole — Sim e não. O grego de Platão não é uma língua viva, então devemos nos basear em textos. E os autores empregam, amiúde, as mesmas palavras de modo diverso, razão pela qual temos não apenas dicionários de grego antigo, mas também dicionários especiais para Homero, Heródoto, Platão, Aristóteles e outros. Além do mais, temos de nos haver aqui com uma passagem matemática, e quem fala é um matemático. Os matemáticos utilizam, muitas vezes, num sentido técnico, palavras comuns, e nem sempre fica claro de que significado se trata. *Dynamis*, a palavra traduzida como "raiz" no texto de vocês, significa de hábito potência, força: ocorre também na economia. Foi preciso bastante tempo para que os estudiosos descobrissem que aqui, muito provavelmente, ela denota um quadrado. Problemas como este surgiram em todos os trechos mais difíceis.

Donald — O que podemos fazer?

Dr. Cole — Aprender o grego.

Donald — Aprender o grego?

Dr. Cole — Bem, ou então estarmos prontos para descobrir que por mais aferrada que ela seja, trata-se apenas de uma informação muito expurgada daquilo que sucede "realmente". (*Voltando-se para Li Feng*) — A sua tradução parece feita por alguém que conhecia as particulares dificuldades dessa passagem...

Li Feng (*guardando seu texto*) — É de um certo Mc Dowell.

Dr. Cole — Ah, John — Bem, ele certamente sabe o que faz, ao menos nesse trecho. Continuem!

Li Feng — "Teodoro estava traçando diagramas para demonstrar alguma coisa sobre quadrados — isto é, que um quadrado de três metros quadrados e um de cinco não são comensuráveis, no que diz respeito à longitude do lado com um de um metro quadrado..."

Donald — O que significa "comensuráveis"?

Li Feng — Suponhamos que temos um quadrado de três metros quadrados. Então, o lado desse quadrado não pode ser expresso por uma fração decimal finita, ou mais simplesmente, por uma fração com um número inteiro no numerador e um outro, por maior que seja, no denominador.

Donald — Como se faz para sabê-lo?

Dr. Cole — Há uma demonstração...

Arthur — De fato, existem diversos gêneros de demonstrações...

Dr. Cole — ...e algumas já eram notadas na antigüidade, mas não acho que devemos adentrar-nos na questão. Aceitemos simplesmente o fato de que tais demonstrações existem, que eram conhecidas por Teodoro e que ele as ilustrava com diagramas.

Li Feng (*continua*) — "...com um quadrado de um metro quadrado; e assim por diante, individualizando atentamente cada caso até os 17 metros quadrados".

Jack — Isto significa que havia uma demonstração diversa para cada número?

Dr. Cole — Se, como Teeteto no caso do conhecimento, ele fornecia um elenco de números irracionais, começando pela raiz quadrada de três, associando cada número a uma demonstração diferente.

Jack — Agora, se fosse dada aí uma só demonstração, a mesma que, aplicada a qualquer número, mostrasse se este era ou não irracional, neste caso a demonstração teria sido um critério geral de irracionalidade.

Li Feng — Este é o ponto. Mas Teeteto faz algo diferente. Ele divide todos os números em duas classes, uma que contém os números da forma AxA, e outra, os números da forma AxB, onde A é diferente de B e tanto A como B são ambos números inteiros, e ele denomina os números do primeiro tipo de números quadrados, e os números do segundo tipo, de números oblongos.

Jack — Ah-ah, e os lados dos quadrados cuja área é dada pelos números quadrados...

Li Feng — Ele os chama de "longitudes"...

Jack — ...são números racionais, os lados dos quadrados cuja área é dada por um número oblongo...

Li Feng — ...que ele chama potência...

Jack — ...são números irracionais. Assim, nesta terminologia, os números irracionais são classificados como potências e não mais enumerados um a um. Bastante engenhoso.

Leslie — E Sócrates quer o mesmo para o conhecimento?

Dr. Cole — Sim.

Bruce — Mas o conhecimento não é como os números.

Dr. Cole — Isso é exatamente o que diz Teeteto.

Bruce — E tem razão. Os números são antes simples, transparentes, e não mudam. O conhecimento pode ser um tanto complicado, muda continuamente, e pessoas diferentes dizem coisas diferentes no mérito. Em certo sentido, a diferença entre os números e o conhecimento é semelhante àquela que há entre a física básica, onde vigem leis simples e gerais, e a meteorologia, por exemplo, onde se experimenta ora um artifício, ora outro. Além disso, o conhecimento não está exatamente ali, à disposição, ele é feito pelas pessoas, é como uma obra de arte...

David — Quer dizer que o conhecimento é uma ciência social...

Bruce — Não uma ciência social, mas um fenômeno social. Ora, ao que parece, Sócrates queria que todos os campos do conhecimento fossem como a matemática, onde há conceitos gerais que compreendem muitos casos diferentes, não obstante os teoremas relativos. Bem, como responde Sócrates a Teeteto?

David (*examinando o texto*) — Fala demoradamente do ser uma parteira — espera um momento — agora levou Teeteto para onde queria, finalmente dá uma definição: o conhecimento é percepção!

Maureen — E não há nenhuma discussão?

David (*ainda examinando*) — Não, Sócrates insiste precisamente numa definição e Teeteto finalmente lhe dá uma.

Arnold — Não seja demasiado severo com Teeteto, ele tinha apenas dezessete anos na época em que supostamente o diálogo se desenvolveu.

Bruce — Não, estou falando de Sócrates. O problema não é discutido, é dado como tácito que o conhecimento, todo, não apenas as suas componentes matemáticas, é similar à matemática...

Dr. Cole — Não exatamente. Se algum dia chegarmos ao fim do diálogo, veremos o que estamos deixando sem definição. São propostas três definições, e todas as três são refutadas, depois Sócrates precisa dirigir-se ao tribunal. Alguns filósofos seguintes incluíram Platão entre os cépticos, precisamente por essa razão. Carnéades, um dos últimos expoentes da escola, foi ele próprio um céptico.

Leslie — Mas o *Teeteto* não é mais recente em relação a *A República*?

Dr. Cole — Sim, tem razão. Essa é a opinião geral. Em *A República* a questão do conhecimento humano parece mais ou menos sistematizada. No *Teeteto* apresenta-se de novo confusa e, muito mais tarde, no *Timeu*, a teoria de *A República* é considerada como um modelo que deve ser verificado, pelo confronto com a forma atual e imperfeita, não com o desenvolvimento, dos seres humanos, da sociedade e do universo inteiro. De modo que aquilo que devemos considerar não é o diálogo singular, mas a seqüência inteira.

Maureen — No diálogo que estamos lendo nada é sistematizado?

Dr. Cole — Alguma coisa sim, por exemplo a questão do relativismo.

Charles — Refere-se a Protágoras?

Dr. Cole — Sim.

Charles — Mas a coisa começa muito mal. Teeteto diz que "o conhecimento é percepção". Sócrates replica que "é uma opinião de Protágoras" e depois o cita: "O homem é a medida de todas as coisas, daquelas que são porque são, e daquelas que não são porque não são..."

Donald — Por que você não se atém ao texto? Aqui se diz "da existência das coisas que são".

Dr. Cole — Lembrem-se, essa é uma tradução! E, neste caso, o tradutor fez uma paráfrase...

Donald — Uma paráfrase?

Dr. Cole — Bem, não traduziu palavra por palavra, aquilo que em inglês teria soado um pouco grosseiro, mas encontrou um modo mais elegante para exprimir a coisa. Muitos tradutores o fazem; de tanto em tanto Platão usa longas descrições a fim de representar coisas para as quais alguns tradutores julgam ter à disposição um termo mais simples. Mas, com freqüência, o próprio Platão não possuía o termo justo, de modo que a tradução, além de ser precisamente uma paráfrase, resulta ser anacrônica. Por todos esses motivos devemos ser muito precavidos com frases como "Platão disse isto" ou "Platão disse aquilo"...

Charles — Mas Platão não é muito cauteloso. Protágoras fala do "homem" — suponho que se refira a todo ser humano.

Dr. Cole — Sim, em grego e em latim são palavras diferentes que indicam o ser humano — *anthropos* em grego, *homo* em latim — e para indicar um homem — *aner* em grego e *vir* em latim.

Charles — E diz que o ser humano é a medida de todas as coisas; porém, não diz como o ser humano mede — pode ser pela percepção, pode ser pela intuição e pode ser pela experiência passiva.

Arnold — Mas temos ainda outras indicações. Aristóteles, por exemplo, diz que, segundo Protágoras, a tangente não toca o círculo num ponto, mas, sim, em mais pontos; ao que parece, ele se baseia na percepção.

Charles — Bem, qualquer teórico dos quanta diria a mesma coisa, mas não por causa da sua percepção, e, além disso, veja a página 167, onde Sócrates permite que Protágoras explique melhor suas idéias. Aqui, o Protágoras de Sócrates compara o professor a um médico. Um médico cura o doente, diz ele, usando o medicamento. O doente sente não estar em forma e diz corretamente, segundo Protágoras, que não está em forma. O médico transforma a má condição do paciente numa condição melhor — ele não troca o verdadeiro pelo falso, pois que o juízo do paciente, sendo a medida das coisas, é sempre verdadeiro. Do mesmo modo, diz Protágoras, os bons retores "procedem de tal maneira que o bem de preferência ao mal possa jungir a cidade" ou, melhor, os habitantes de uma cidade. Ora, Bem e Mal, Justo e Injusto não são termos reconduzíveis a percepções sensoriais — a gente julga o bem e o mal de modo muito diverso, mas os julga, e, portanto, os mede. A seguir Platão dá um apanhado do pensamento de Protágoras que contradiz a identificação desse princípio da medida com a idéia de que o conhecimento seja percepção. Transformar Protágoras num empirista ingênuo é simplesmente calunioso.

Leslie — Mas aqui há o exemplo do vento que a um parece frio e a outro quente...

Maureen — Bem, pode acontecer que seja só um exemplo.

Leslie — E a idéia de que tudo muda continuamente...

Charles — Também isso decorre daquilo que Protágoras diz do homem-medida. Ao contrário, "medindo" o próprio ambiente, algumas pessoas descobrem que as coisas remanescem sempre iguais e se enfadam...

Maureen — E, no caso, sejam as ciências um produto humano que desvela regularidade e repetição.

Arnold — E há outro diálogo, o *Protágoras*, onde este compara pessoas e recomenda que todos os que violam as leis da cidade sejam, ao fim, condenados à morte. A cidade "mediu" que a mudança excessiva é malévola, decidindo introduzir leis que garantam algum gênero de estabilidade e defender tais leis, justiçando os transgressores recidivos, se necessário.

Leslie — E um tipo assim é dito relativista?

Dr. Cole — Bem, vejam, é preciso ser muito cauteloso com os termos gerais como "relativista", "racionalista", "empirista", e assim por diante.

Donald — Mas é inteiramente sensato ligar Protágoras à mudança. O homem é medida, mas o homem muda constantemente...

Charles — Não para mim, que meço aquilo que sucede em mim e ao meu redor! Naturalmente mudo aqui e ali, porém mantenho muitas idéias, eu as aperfeiçôo, encontro para as mesmas idéias argumentações melhores...

Arnold — E quem decide?

Charles — Eu, naturalmente, segundo Protágoras.

Jack — Temo que a tarefa não seja mesmo tão simples. Vocês estão dizendo que Platão relaciona arbitrariamente Protágoras com a doutrina da mudança, mas vejam aqui o exemplo que aparece na página 154...

Donald — A questão dos dados?

Jack — Sim.

Donald — Justo aquilo que não compreendi em absoluto.

Jack — Compreenderá se você a abordar tendo em mente certos pressupostos. Aqui estão seis dados — que são mais do que quatro e menos do que doze. Do seis, não havíamos tirado nada, o seis permanece o mesmo, e, no entanto, tornou-se menos.

Donald — É banal: "maior" e "menor" são relações.

Jack — Aha! Agora o que temos são coisas estáveis, seis dados aqui, quatro dados ali e doze acolá, entre os quais intercorrem relações diversas. Ora, também a doutrina protagórica da medida introduz uma relação entre aquilo que existe e a atividade da mensuração. Mas aqui não temos entidades estáveis entre as quais intercorrem relações, a situação se apresenta em tudo de outro modo — tudo O QUE É é constituído por relações: a mensuração faz com que assim SEJA. Daí, penso que tudo quanto Sócrates diz na página 153d 3 e seguintes seja totalmente apropriado. No tocante à vista, não se pode dizer que a cor que você vê ESTÁ nos seus olhos, nem que ela ESTÁ fora, ou, por essa razão, nem que está em qualquer outra parte; cumpre dizer que isso e a sua colocação são experimentados durante o processo da percepção — são parte de um bloco indivisível que une aquilo que é com aquilo que é percebido.

Li Feng — A correlação de Einstein-Podolsky-Rosen![4]

Donald — O que é isso?

Li Feng — É precisamente aquilo que a teoria quântica diz do processo de medida. Tratava-se de um experimento imaginário que foi introduzido por Einstein e seus colaboradores para provar, tal como Platão queria provar, que as coisas têm propriedades definidas antes mesmo de serem medidas. Imagine-se uma situação especial na qual ocorrem duas partículas das quais conhecemos a soma de suas quantidades de movimento e a diferença de suas posições...

Donald — Não entendo uma palavra — o que tem isso a ver com Platão?

Charles — Bem, depende do modo como você quer discutir um filósofo. Você quer ver somente como ele trata os adversários, dado o conhecimento de seu tempo, ou quer saber em que medida suas idéias têm correlação com uma época subseqüente? A primeira aproximação é muito interessante, mas penso que a segunda seja ainda mais. Antes de tudo, uma argumentação é como uma bata-

---

4. O artigo "Can Quantum Mechanical Description of Physical Reality be Considered Complete", publicado no *Physical Review* de maio de 1935, conhecido também como Paradoxo de E. P. R. ou "E. P. R. paper", que Einstein escreveu com Boris Podolsky e Nathan Rosen, dirigia-se diretamente contra a interpretação da Mecânica Quântica adotada por Niels Bohr *et altri*, da chamada Escola de Copenhague, e dizia respeito à descrição completa de um sistema físico ou de uma situação real. Para o grupo do físico dinamarquês, as propriedades intrínsecas das partículas apresentam valores probabilísticos e sua determinação só ocorre após a interação entre elas, não correspondendo, pois, tais propriedades a dados de realidade. Usando um experimento mental, Einstein e seus colaboradores provaram que a visão de Bohr era incompleta, uma vez que deve sempre existir uma realidade física correspondente a uma quantidade física, independente de qualquer perturbação ou interação. A despeito da imediata réplica de Bohr e das considerações sobre sistemas isolados ou não do postulado da complementaridade, das perturbações não-locais, etc..., é o problema da causalidade e da indeterminação que está subjacente a essa controvérsia, a qual continua em nossos dias na pauta da discussão sobre os fundamentos da física.

lha. Uma das duas partes é derrotada — dadas as armas da época. Mas as armas mudam constantemente. Aprendemos coisas novas, a nossa matemática torna-se mais complicada, por um lado, porém mais simples, por outro — o que requer páginas e páginas de demonstrações, antes que possa ser tratado numa linha ou duas — modifica a nossa instrumentação experimental, e assim por diante. Portanto, uma idéia derrotada hoje, pode ser uma idéia que amanhã se revelará como justa — pense na idéia de que a Terra está em movimento. Daí, é muito interessante que Platão, em sua tentativa de refutar Protágoras, produza uma teoria da percepção que demonstra, ao menos para nós, em que medida Protágoras havia antecipado uma teoria do século XX.

Donald — Mas qual é essa teoria do século?

Li Fang — Bem, é um pouco difícil de explicar — vou tentar. Sem dúvida faz sentido falar das relações de indeterminação.

Leslie — Sim, Hasenberg.

Li Feng — Heisenberg. Bem, para exprimir-se de maneira simples, tais relações dizem que não se pode conhecer seja a posição seja a quantidade de movimento...

Donald — O que é essa quantidade de movimento?

Li Feng — Alguma coisa semelhante à velocidade — pense nela simplesmente como velocidade. Seja como for, não se pode conhecer com absoluta precisão quer a posição quer a quantidade de movimento de uma partícula. Se se conhece muito bem uma delas, a outra torna-se mais vaga, e vice-versa. Portanto, é possível interpretar tais relações de vários modos. Por exemplo, pode-se dizer: a partícula está sempre numa localização precisa e tem uma velocidade precisa, mas não se pode conhecer ambas ao mesmo tempo, porque qualquer mensuração efetuada numa modifica aquilo que se poderia saber da outra.

Arnold — Então, se conheço muito bem a posição de uma partícula e procuro medir sua velocidade, essa tentativa anulará o meu conhecimento da posição?

Li Feng — É possível dizer isso.

Leslie — Estranho!

Li Feng — Ora, há uma outra interpretação das relações de indeterminação. Ela afirma que a própria partícula, e não o conhecimento que dela temos, torna-se indefinida. Por exemplo, se com algum expediente se consegue determinar sua quantidade de movimento com absoluta precisão, então não se sabe nada de sua localização, mas é imediato que não exista mais nada que se assemelhe a uma posição.

Donald — Então não é uma partícula.

Li Feng — Pode-se dizer assim. E aquilo que há pouco falei da posição e da quantidade de movimento aplica-se a muitos outros pares de grandezas físicas, por exemplo, as componentes x e y do momento angular de uma partícula. Um par de grandezas que não pode ser determinado em conjunto é dito par de grandezas complementares. A posição e a quantidade de movimento são complementares nesse sentido, ou, antes, qualquer componente da posição numa certa direção é complementar à componente da quantidade de movimento na mesma direção. Ora, Einstein e seus colaboradores construíram um caso...

Charles — Um experimento imaginário?

Li Feng — Sim, era um experimento imaginário quando Einstein o introduziu pela primeira vez — que depois se tornou um experimento real. Bem, Einstein construiu um caso especial por cujo intermédio procurou demonstrar que a própria teoria quântica, tomada em conjunto com assuntos triviais, implica que as grandezas complementares têm valores simultâneos precisos. Estou procurando explicar a argumentação, mas me interrompam caso não compreendam.

Leslie — Não se preocupe, nós o faremos com certeza.

Li Feng — Einstein toma duas partículas, R e S, e presume que se conheça tanto sua distância quanto a soma de suas quantidades de movimento.

Donald — Mas não podemos saber ao mesmo tempo a localização e a velocidade — você o disse há pouco!

Li Feng — Tem absoluta razão. Mas podemos conhecer certas combinações das duas, por exemplo, a *diferença* de posição das duas partículas, que é, pois, sua distância, e a *soma* de suas quantidades de movimento — trata-se de dois valores que podemos conhecer com absoluta precisão.

David — Como?

Li Feng — Bem, tome como válido o fato de que conseguimos isso, de outro modo não poderemos ir para a frente. Ora, suponhamos que R se encontre perto de nós e que S se mova tão longe que não esteja mais interessado de nenhum modo com o que fizermos nas vizinhanças de R. Ora, meçamos a posição de R, coisa que podemos fazer com absoluta precisão.

Bruce — Nenhuma medida goza de uma precisão absoluta — há sempre uma margem de erro.

Li Feng — Lembre-se que este é um experimento imaginário concernente à teoria quântica! Aqui, "precisão absoluta" significa que nenhuma lei da teoria quântica é contradita quando se consegue tal precisão. Por isso medimos a posição de R — conhecemos a distância de R e S e podemos inferir não só a posição de S *após* a mensuração, mas também sua posição *imediatamente antes* da mensuração, porque S está de tal modo distante que a realização de uma medida sobre R não pode exercer nenhuma influência. E, para a mesma região, podemos ainda dizer que S *tem sempre uma posição bem definida*, quer a mensuremos ou não, porque seria possível efetuar a mensuração em qualquer momento. O mesmo argumento aplicado à velocidade diz aqui que S *sempre teve uma quantidade de movimento bem definida* — de modo que sempre houve uma posição e uma quantidade de movimento bem definidas, contrariamente à segunda interpretação das relações de indeterminação que forneci há pouco.

Jack — Bem, obviamente deve-se pôr de lado aquela interpretação.

Li Feng — Mas não podemos fazê-lo! Ela foi introduzida por um motivo preciso. É a única interpretação em condições de conciliar resultados experimentais aparentemente conflitantes.

Leslie — Então devemos simplesmente dizer que uma mensuração interessa a um objeto, mesmo que esteja muito distante...

Charles — O que é muito semelhante ao exemplo dos dados — as coisas mudam, embora nada seja adicionado e nada seja retirado...

Li Feng — A menos que se faça aquilo que se fez lá — declarar que a posição e a quantidade de movimento são relações, não propriedades inerentes às partículas, e não simples relações entre coisas que têm propriedades estáveis independentemente das relações, mas relações entre coisas cujas propriedades são, em parte, constituídas por uma interação — exatamente como na teoria da visão desenvolvida por Platão e por ele atribuída a Protágoras. Penso que isso seja muito interessante, porquanto demonstra que as argumentações de Platão contra Protágoras podem ser voltadas também contra a mecânica quântica que, seja como for, está bem consolidada.

Donald — Bem, eu não tenho, com certeza, a menor idéia daquilo que você está dizendo! Mas li o diálogo e Sócrates apresenta refutações muito claras da idéia que você conecta à mecânica quântica. Tomemos uma, somente: a tese diz que "o conhecimento é percepção". Ora, eu olho para você, eu o percebo e sei que você é você. Fecho os olhos e sei ainda que você é você, embora eu não o perceba mais. "Assim, portanto — conclui Sócrates — a asserção de que o conhecimento e a percepção constituem uma só coisa implica manifesta impossibilidade". Agora, o que diz disso?

David (excitado) — Que você não leu o suficiente. Vá adiante algumas linhas!

Donald — Até aonde?

David — Até depois da linha que você acabou de citar! O que diz ela?

Donald (lê) — "Aqui nos afastamos do argumento sem ter conquistado a vitória e cantamos como um galo que não serve para nada". Não compreendo.

Bruce — É muito simples. Ele diz que as argumentações apresentadas até aqui são apenas uma mistificação.

Donald — Por que iria fazer uma coisa desse gênero? Primeiro construiria uma certa quantidade de contra-argumentações — de fato, esta não é a única — para depois dizer que não tem nenhum valor?

Dr. Cole — Porque assim faziam os sofistas, e ele queria expor o seu modo de argumentar.

Donald — Isto é, mediante o uso do contra-exemplo?

Dr. Cole — Exatamente.

Donald — Mas não é isso que se faz na ciência, sugerir hipóteses e usar contra-exemplos para falsificar?

Jack — Depende! Peguem a afirmação "todos os corvos são negros". Como é refutada?

Donald — Por um corvo branco.

Jack — Eu imagino um corvo branco.

Donald — Não, por um corvo branco de verdade.

Jack — Eu pinto um corvo branco.

Donald — Obviamente não um corvo pintado.

Jack — É exatamente o que diz Sócrates. Fechando os olhos, ainda *conhecemos*, mas não *percebemos* mais; daí por que a consciência não pode ser percepção — esta era a argumentação. Olhando um corvo pintado, vemos que é um *corvo*, mas que *não* é *negro*, de modo que nem *todos* os corvos são negros. Qual é o erro? Fomos guiados pelo acordo ou pelo desacordo entre *palavras*. No caso dos corvos, não é suficiente descobrir que há um corvo corretamente descrito pela *palavra* "branco", devemos também saber que gênero de brancura queremos — e isso não é uma coisa simples (suponhamos que um grupo de corvos perca a cor por causa de uma moléstia — como consideraremos tal evento?). No caso do conhecimento, não basta descobrir que há um conhecimento não-perceptivo, devemos decidir que gênero de não-percepção queremos. Ora, um filósofo que identifica o conhecimento com a percepção (e é duvidoso que Protágoras o tenha feito) pode ter uma noção de percepção muito mais sofisticada, e então precisará aprofundar-se um pouco mais na teoria. Por exemplo, muito provavelmente ele não presumirá que a memória (entendida em sentido simples) e a percepção sejam pouco mais ou menos a mesma coisa, visto que ele terá uma teoria da memória tanto mais complicada quanto a teoria da percepção que aqui, Li Feng, há pouco, associou à teoria quântica.

Donald — Isso significa que a falsificação não funciona?

Charles — Oh, não, funciona, mas é um processo sobretudo complexo. Os simples contra-exemplos não são suficientes — podem ser tão quiméricos quanto os corvos pintados e, notem, trata-se de uma questão conceitual! Não estamos falando das observações, mas do tipo de entidades que lhes são conexas; estamos falando de metafísica! Qualquer boa refutação implica juízos metafísicos! Sócrates diz que uma teoria nova combinará as coisas de maneira nova, daí por que a refutação operada por uma comparação que usa palavras condizentes com o velho ordenamento é uma crítica desleal. A crítica de Einstein, Podolsky e Rosen era desleal, precisamente nesse sentido.

Donald (*desalentado*) — Então devemos recomeçar tudo desde o início.

Dr. Cole — Acho que sim (*olhando para o relógio*). — Mas penso que devemos proceder um pouco mais velozmente, não nos resta muito tempo; e na próxima vez eu gostaria de continuar discutindo a respeito de John Searle. Portanto, permitam que eu enumere a segunda série de críticas levantadas por Sócrates...

Donald — E essas críticas são verdadeiras, não são críticas fingidas?

Dr. Cole — São verdadeiras. A primeira crítica diz respeito ao futuro.

Maureen — Mas aquela, a segunda, vem muito depois.

Dr. Cole — Bem, eu prefiro tratá-la agora, porque é uma questão muito simples. Sigam até o fim da página 177 e adiante, até a página 178. Segundo Protágoras, as boas leis são aquelas que a maioria dos cidadão reputa como tal. Mas os cidadãos pensam também que boas leis são aquelas que fazem a cidade prosperar — que é, afinal, o motivo pelo qual elas foram introduzidas. Ora, o que acontece quando as leis que pareciam boas aos legisladores, e que por isso eram boas para eles, resultam ser a ruína da cidade?

Leslie — O que acontece quando leis objetivamente acabam resultando na ruína da cidade?

Donald — O que pretende dizer?

Leslie — Bem, é óbvio que Platão tinha em mente alguma alternativa. Ele ataca Protágoras porque acredita que as idéias platônicas sejam melhores do que as opiniões protagóricas. Mas, as idéias platônicas defrontam-se exatamente com o mesmo problema. São verdadeiras, objetivamente válidas, para empregar essa palavra que sempre salta fora quando alguém quer reprimir os outros, mas não quer assumir a responsabilidade pessoalmente — e o resultado é um desastre.

Dr. Cole — Bem, suponhamos que tenha razão. O próprio Platão deve enfrentar um problema, mas não é também um problema para Protágoras?

Jack — Não acho. Há alguns anos a gente dizia:"Estas leis parecem boas porque são boas para nós". Agora dizemos:"Estas leis parecem más porque são más para nós". Não existe nenhuma contradição, exatamente como não existe nenhuma contradição se eu, na terça-feira, digo:"Sinto-me bem e por isso estou em forma", e na quarta-feira: "Sinto-me mal e por isso não estou em forma".

Arnold — Mas se as coisas são assim, vejo um outro problema, bastante diferente. Como será possível instaurar um debate? Para instaurar um debate, A deve estar em condições de dizer qualquer coisa que contradiga aquilo que diz B. Isto significa que tudo quanto dizem A e B deve ser independente do estado mental de cada um deles.

Jack — Não, para instaurar um debate é suficiente que tudo quanto diz B se afigure a A diverso daquilo que ele diz. Ademais, essa condição é também necessária; se A e B se contradizem "objetivamente", mas não se dão conta, então não haverá debate. As idéias platônicas devem deixar um traço no mundo em que vivemos, mas uma vez que o tenham deixado podemos continuar sem elas.

Maureen — Mas, se isso é aquilo que penso, como pode conseguir convencer uma pessoa e por que você quereria persuadir alguém?

Jack — Julgo que Protágoras forneça a resposta quando compara o retor a um médico, mas a um médico que usa como remédio palavras em vez de pílulas. Um filósofo encontra uma pessoa que, segundo ele, precisa ser melhorada. Aproxima-se da pessoa e lhe fala. Se realiza bem seu trabalho, o papo funciona como um remédio e modifica quer as idéias, quer a atitude geral da pessoa que parecia transviada.

Maureen — Mas essa última frase, isto é, "O papo funciona como um remédio", é alguma coisa que é, mas que não parece a ninguém ser.

Jack — Oh, não! Se o filósofo realiza bem seu trabalho, então parecerá tanto a ele quanto a seu paciente que o remédio funcionou, e parecerá também assim a um sociólogo que indague sobre o fato — muito embora ninguém tivesse necessidade dele, visto que o filósofo e seu discípulo podem alcançar o acordo sem tais informações adicionais.

Maureen — Quer dizer que o critério último é a sensação de bem-estar que ambos experimentam?

Bruce — Bem, não será isso, talvez, verdade com respeito a todos os debates teóricos? Você tem alguma teoria altamente abstrata, a saber, Hegel na filosofia ou a supergravidade na física. As pessoas não falam. Você observa a conversação à distância. Você não compreende uma palavra, mas vê que as coisas transcorrem tranqüilamente — as pessoas não estão de acordo, mas parecem saber o que fazem. Parece-lhe que sabem sobre o que estão falando, embora para você seja completamente ininteligível. Ora, objetivo ou não, o critério de compreensão que usam na vida prática em matéria altamente abstrata consiste no fato de que o assunto todo se abre diante de você, e que você é capaz de mergulhar nele sem encontrar resistência.

Jack — Pode-se dizer a mesma coisa a propósito da teoria física. Há a teoria e há os experimentos...

Li Feng — Todas essas coisas podem ser feitas pelo computador...

Jack — Sim, é verdade, mas a pergunta é — por que temos todo esse instrumental? — e aqui entram em jogo os juízos pessoais...

Li Feng — Sim, na periferia...

Jack — Não importa *aonde* chegam — são decisivos! Se os cientistas, de repente, se aborrecessem daquilo que estão fazendo, ou se começassem a ter alucinações cada qual a seu modo, ou se o público em geral se convertesse ao misticismo, então a ciência ruiria como um castelo de cartas. Ora, os juízos pessoais que sustentam a física são freqüentemente tão ocultos e tão automáticos que, na aparência, tudo é cálculo e experimentação. De fato, eu diria que é exatamente esta falta de reflexão que cria a impressão da objetividade! Aquilo que permanece implícito é uma forma de juízo pessoal, ou uma falta de juízo. Creio que existe também um livro de um físico...

Arthur — Um físico-químico — Michael Polanyi; você está falando do livro que ele escreveu sobre o *Conhecimento Pessoal*...

Maureen — Estou muito preocupada com esta conversa. Qualquer que seja a coisa, ela parece reduzir-se a impressões que as pessoas comunicam. Mas, então, não tenho que me haver com ninguém mais além de mim mesma.

Arnold — Você se refere ao solipsismo, à idéia de que existe somente você e que todo o resto é apenas uma parte variegada de sua personalidade?

Maureen — Sim, mas provavelmente a inteira verdade não se reduz a isso.

Leslie — Está segura?

Jack — Seja como for, Protágoras não diria isso. Ele diria, estendendo a mão, que é sua mão, que sua mão é diferente da idéia de mão, e que ambas são diferentes da pessoa em frente da qual ele se encontra. Mas acrescentaria que sabe de tudo isso graças à experiência pessoal, sem ter outra fonte. De fato, mesmo que diga: "Eu li isso num livro", ele se baseia ainda na sua impressão do livro, e assim por diante.

Maureen — Mas isso não significa, talvez, que ele conhece apenas a exterioridade das pessoas — mas somente aquilo que delas o toca...

Gaetano — Bem, permita-me inverter a situação! Você jamais conheceu algo além da exterioridade das pessoas? Deixe que eu lhe faça algumas perguntas. Chegou a ver, alguma vez, um seu amigo de perto ou de longe, sem que você percebesse que era exatamente seu amigo?

Maureen — Sim, cheguei e foi muito desconcertante. Uma vez vi um bom amigo meu em pé numa livraria, a uma certa distância de mim e pensei: "Que aspecto desagradável tem aquela pessoa!" — Depois o reconheci.

Gaetano — E o que aconteceu?

Maureen — Bem, é uma pessoa muito doce, e assim me pareceu quando o reconheci.

Gaetano — E o que me diz da outra impressão?

Maureen — Foi apenas um acidente.

Gaetano — Por que durou pouquíssimo tempo?

Maureen — Sim.

Gaetano — E você está certa que outros jamais o tenha visto desse modo?

Maureen — Bem, de fato não sei; foi uma experiência muito perturbadora!

Gaetano — Mas essa experiência, e aquela outra, e as suas lembranças não representam tudo o que há?

Maureen — Sim.

Gaetano — E adquirir conhecimento significa criar uma espécie de ordem nesse conjunto...

Dr. Cole — Penso que seria melhor voltar ao diálogo, visto que algumas das perguntas de vocês podem encontrar uma resposta lá. Penso que Platão diria que nem sempre a gente está em condições de criar o justo tipo de ordem — para isso é preciso um perito. Este é o ponto principal. Nem todos conseguem julgar — o especialista sim. Por exemplo (*lê*) "O cozinheiro será um juiz melhor do hóspede que não é cozinheiro sobre o prazer que terá da ceia que está sendo preparada..."

David — Bem, não deve ter visitado muitos restaurantes! Ontem comi num restaurante francês, os críticos o haviam elogiado, alguns cozinheiros de outros restaurantes também, era recomendado até pelo *Time Magazine*, e o que sucedeu? Eu quase vomitei!

Charles — Precisamente! E os especialistas são, talvez, melhores "em si mesmos"? Não, são melhor tratados e melhor pagos porque muitíssima gente crê naquilo que eles dizem e porque a muita gente parece bom ter um especialista que lhe diga o que fazer.

Leslie — Bem, ao que parece, as críticas "verazes" não são, afinal, tão melhores que as simuladas.

Dr. Cole — Esperem um minuto — não havíamos terminado ainda! Concordo que algumas coisas sustentadas por Sócrates não são muito convincentes — mas há, no caso, também, outros argumentos! Por exemplo, Sócrates argumenta que o princípio de Protágoras se auto-refuta.

Jack — Com o que terá vida dura! Sócrates define como "primorosa" essa argumentação, mas eu enxergo aí apenas um ingênuo logro. Vejam só. À página 170, cita Protágoras, porque quer refutá-lo com as próprias palavras dele. Cita-o quando diz que, para um homem, as coisas são como lhe aparecem[5]. E, notem, ele não diz que as coisas são como aparecem ao homem, mas que, *para ele*, são como lhe aparecem.

Dr. Cole — Sim, Protágoras diz isso.

Jack — Ora, se entendo corretamente o raciocínio, ele salienta que muitas pessoas não compartilham de tal convicção. Não dizem, com efeito, "as coisas para mim são como me aparecem", não se preocupam com aquilo que lhes aparece, na maioria das vezes, não têm uma opinião própria, seguem precisamente a de um especialista.

David — Bem, a eles parece que os especialistas possuem a verdade.

Jack — Não é esse o ponto que me interessa. Diante da máxima de Protágoras, a maior parte das pessoas alegaria, segundo Sócrates, não ser medida, e os próprios peritos diriam "nós, sim, é que sabemos aquilo que dissemos, e ninguém mais". Não é o que diz Sócrates?

Dr. Cole — Não com essas palavras, mas o sentido é esse.

Jack — E depois, perto do fim, Sócrates diz que isso significa que o mesmo Protágoras, com base em seu próprio princípio, deve admitir que seu princípio é *falso* — notem, não falso *para* essas pessoas, ou falso para esses especialistas, como deveria dizer, atendo-se à enunciação do princípio, mas simplesmente *falso*. Bem — repito-o — isso não é uma argumentação, é um logro.

Seidenberg — Não pode ser a interpretação justa! Não digo que Platão não usa nunca algum truque, mas se quisesse embrulhar-nos, como vocês americanos dizem, não o teria feito de modo quase ingênuo. Vejam! Quando introduz pela primeira vez o princípio de Protágoras, toma o cuidado de juntar "para ele" também no exemplo que fornece: o vento é frio para ele que sente frio, mas

---

5. Sócrates pergunta a Teeteto, em 152 b: "Esse aparecer não é a mesma coisa que ser percebido?", ao que seu interlocutor responde: "Exatamente".

não para ele que sente calor... e assim por diante. O mesmo vale para o trecho que estamos ora discutindo. Ele começa dizendo que, como as coisas aparecem para um, assim são *para ele*. Daí, se deixa cair a expressão "para ele", deve ter uma razão para fazê-lo.

Jack — Gostaria de saber qual é.

Seidenberg. — Bem, vou experimentar. (*Voltando-se para Jack*) Não tenho seu preparo lógico e pode suceder que eu cometa erros, mas vou experimentar. Então, Protágoras diz: "As coisas para um homem são como lhe aparecem" ou, com uma simples troca, "Para um homem é verdade aquilo que lhe aparece". Ou ainda, "Aquilo que para um homem parece não ser não é verdadeiro para aquele homem". De acordo?

Jack — Sim, continue.

Seidenberg — Podemos dizer de outro modo, tomando as duas coisas em conjunto, que Protágoras enuncia a *equivalência* de "A *x* parece que *p*" e "É verdade para *x* que *p*". Tenho razão até aqui?

Dr. Cole — Direi que sim.

Seidenberg — Agora, quero imitar seus lógicos (*voltado para Jack*) — denomino essa equivalência P. Suponhamos agora que alguém negue P. Sócrates, por exemplo.

Jack — Bem, então a ele parece que não-P e, por isso, para ele é não-P, de acordo com o princípio.

Seidenberg — Pode acontecer. Pode acontecer que ele diga não-P segundo o princípio, mas dizendo-o, não importa segundo qual princípio, ele nega o princípio. Atenção, ele não o nega universalmente. Ele não diz "Para mim P não é jamais verdadeiro" ou "Para todas as proposições *p* e para todas as pessoas *x* é falso porque se a *x* parece que *p*, então *p* é verdadeiro para *x*" — ele diz simplesmente "Para mim P é falso", o que significa que para ele há *algumas* proposições para as quais a *aparência* de serem verdadeiras para uma pessoa não as tornam *verdadeiras* para aquela pessoa. Sócrates certamente não queria negar P para as asserções sensoriais — nesse caso, parecer verdadeiro é, de fato, ser verdadeiro, e ele mesmo o diz.

Jack — E então?

Seidenberg — Bem, segundo Protágoras, para uma pessoa as coisas são como lhe aparecem. Assim, de acordo com Protágoras, algumas aparências (para Sócrates) diferem das correspondentes verdades (para Sócrates). E então, segundo Protágoras, P não é verdadeiro — para ele, para Protágoras mesmo. O único modo de sair do aperto seria o de negar que duas pessoas possam jamais ter uma só opinião sobre o próprio enunciado, mas nesse caso, o seu princípio, que se supõe valer para toda proposição sustentada por qualquer pessoa e não só para as proposições sustentadas por Protágoras, cessa de ter significado. Portanto, é verdade que Platão exprime a questão dizendo que o princípio é falso — ponto e basta; mas ele pode fazê-lo, de fato, uma vez que "verdadeiro para" ficou separado de "parece a", e não existem razões ulteriores para conservar o "para", porque havia sido introduzido somente por analogia com o aparecer. De modo que, para mim, a argumentação é efetivamente decisiva.

Bruce — Bem, eu não estou tão convencido. Não digo que sua interpretação do argumento não seja correta, mas todos os dois — ele e Platão — recorrem a um pressuposto relevante. Suponham que um princípio, ou um procedimento, deva ser abandonado quando, aplicado a si mesmo, conduz a um absurdo ou a uma contradição. Trata-se de um pressuposto muito discutível. Tanto assim que, para começar, pode ser que Protágoras não quisesse usar seu princípio desse modo.

Dr. Cole — Não estou seguro disso. Protágoras era um sofista, e os sofistas eram mestres na construção de argumentações insidiosas.

Charles — Então separemos o princípio de Protágoras da interpretação que ele lhe dá. O que podemos fazer com esse princípio? A refutação que há pouco ouvimos deve ser aceita?

Bruce — Não, porque não é necessário aceitar a regra segundo a qual um princípio cuja auto-aplicação cria dificuldades deva ser abandonado. Vejam o enunciado no espaço abaixo:

o único enunciado neste espaço é falso.

Lendo o enunciado, posso inferir que é verdadeiro, e se é verdadeiro, então é falso, e se é falso, então é verdadeiro — e assim por diante. Trata-se, ainda, do velho paradoxo do mentiroso tal qual. Alguns concluíram que a auto-referência é evitada; um enunciado não deve *jamais* falar de si mesmo. Por exemplo, não devo nunca proferir um enunciado como "Estou falando humildemente". Por quê? Porque se presume que todos os possíveis enunciados de uma linguagem já foram pronunciados e existem como sistema abstrato. Naturalmente, introduzir a auto-referência em tal sistema cria dificuldades. Mas as línguas de que falamos não se identificam com tais sistemas. E seus enunciados não existem já, são produzidos um a um quando falamos, e as regras da linguagem tomam forma, conseqüentemente. Suponhamos que eu diga: "A melancolia rosa trepava sobre a colina". Tem sentido? Num sistema tirânico no qual se presume que os nomes das cores sejam atribuídos somente aos objetos materiais, não. Todavia, é possível introduzir uma nova moda poética, posso emitir essa asserção para comunicar o estado de ânimo de um sonho ao meu psiquiatra — e é muito provável que ele compreenda aquilo que quero exprimir — posso dizê-lo a uma estudante de canto para ajudá-la a impostar a voz — e, creiam-me, os maestros de canto usam realmente asserções desse tipo, e com grande êxito! E, em cada um desses casos, não seguimos somente as regras, mas as constituímos e as modificamos com o nosso modo de proceder.

Gaetano — Isso é muito interessante. Estou estudando agora a teoria da harmonia e da composição. Bem, aqui são os professores que formulam regras, fornecem a seu propósito algumas razões abstratas e insistem para que todo mundo siga essas regras. Dando uma olhada na história, encontram um saco de exceções porquanto os compositores violam constantemente as regras. O que fazem esses professores? Ou criticam os compositores, ou tornam as regras cada vez mais complicadas. Walter Piston, em sua teoria da harmonia, procede de um modo diverso. Não desmentirei jamais uma das frases com que exprime sua atitude. "A música — diz ele — é o resultado da composição e não da aplicação de regras".

Ora, sabe-se que a linguagem é o produto do discurso e não da aplicação de regras; por isso não se pode julgar uma linguagem com base naquilo que acontece quando congelamos uma parte e a inserimos num computador.

Arthur — Desejaria acrescentar que a ciência é o resultado da pesquisa, não da observação de regras, e por isso não se pode julgar a ciência com base em abstratas regras epistemológicas, a menos que tais regras não sejam o resultado de uma *prática* epistemológica especial e constantemente mutante.

Jack — E, então, para que fins servem as demonstrações, como a demonstração da incompletitude de Gödel?[6] Ou a demonstração mais simples da incoerência do cálculo proposicional?

Gaetano — Eu estava pensando nisso. Essa demonstração não diz respeito às linguagens faladas, por exemplo, não se refere às linguagens que empregam os números, mas a suas reconstruções formais, e ela mostra que tais reconstruções são limitadas de uma maneira precisa. Se a gente resolve ater-se a certas regras, não importando o que suceda, é então inevitável incorrer em toda sorte de obstáculos.

Bruce — Essas são excelentes ilustrações daquilo que eu queria dizer! Aplicando a postura de um compositor ou de quem fala uma língua ao princípio de Protágoras, seríamos levados a considerá-lo como uma regra empírica cujo significado emerge do uso e não é estabelecido de antemão. Os argumentos de Sócrates, por isso, não refutam o relativismo. Refutam a versão platônica do relativismo onde as asserções não estão ligadas a suas enunciações, mas existem independentemente do discurso, de modo que uma nova asserção pode converter a precedente numa farsa.

Jack — Bem, se você decide confeccionar suas asserções à medida que procede, então, naturalmente, ninguém pode refutá-lo.

Arthur — Não é de todo assim! O complexo de asserções denominado "teoria de Newton" sofreu mudanças por obra de Euler, Bernoulli, Lagrange e Hamilton; num certo sentido, era a mesma teoria, num certo sentido não era e, no entanto, ao fim, os cientistas individua-

---

6. *Prova de Gödel*, de Ernest Nagel e James Newman, tradução brasileira, São Paulo, Perspectiva, 2ª edição revista, 2001.

lizaram nessa estrutura não muito estável dificuldades bem definidas. Se se adota a atitude prática de Bruce, então, naturalmente, cumpre modificar as próprias idéias sobre as relações que intercorrem entre uma teoria e suas dificuldades. Não se pensará mais numa teoria como numa entidade bem definida, que diz exatamente quais as dificuldades que a colocariam fora de jogo; pensar-se-á numa teoria como numa vaga promessa, cujo significado é constantemente modificado e completado pelas dificuldades que se decidiu acolher. Já havíamos falado disso há pouco, quando se discutia a respeito do enunciado "Todos os corvos são negros" e da recusa oposta por Sócrates à primeira série de suas próprias críticas. Num certo sentido, os lógicos e os filósofos que se deixam guiar por elas são muito superficiais. Vejamos uma asserção como a de Protágoras, interpretamo-la de um modo simplista e a refutamos triunfalmente! Mas esse procedimento teria matado a ciência há muito tempo. Toda teoria científica interpretada em sentido literal está em conflito com numerosos fatos! Platão tinha ciência dessa situação, e ele criticou a prática da remoção fácil, mas depois deixou-se atrair por ela e ele próprio a utilizou.

Charles — O que significa que devemos separar o relativismo daquilo que diz Sócrates com o fito de refutá-lo facilmente...

Leslie — E daquilo que Protágoras pode ter-lhe retrucado, presumindo que ele estivesse tratando a asserção à maneira dos lógicos.

Bruce — Justo. Por isso penso que, para discutir sobre o relativismo, é bom começar com algum problema prático. Quais são as nossas intenções? Diria que um relativista deveria ter a intenção de proteger os indivíduos, os grupos e as culturas das ações cuja verdade julga ter encontrado. E aqui gostaria de sublinhar duas coisas. Em primeiro lugar a tolerância, não o gênero de tolerância que declara: "Bem, aqueles estúpidos não sabem nada, mas têm o direito de viver como lhes parece apropriado; por isso deixemo-los em paz". Esse seria um gênero de tolerância sobretudo desprezível, se querem o meu parecer. Não, a tolerância do relativista presume que as pessoas toleradas tenham conseguido resultados por conta própria e hajam sobrevivido graças a isso. Não é fácil explicar no que consistem os resultados. Certamente, pode-se falar de "sistemas de pensamento" e de "sistemas de vida" — o absurdo de tais suposições aflorou mui claramente no curso de nosso debate. Mas podemos isolar de modo aproximado uma fase particular de uma cultura e confrontá-la com a fase particular de uma outra e diversa cultura e chegar à conclusão de que uma vida mais ou menos agradável é possível em ambos os casos. Naturalmente, o membro da cultura P pode sentir-se muito pouco à vontade na cultura Q, mas não é essa a questão. A questão é que a pessoa que cresceu na cultura Q e que conhecera P, pode achar vantagens e desvantagens e, ao fim, preferir P ao seu próprio modo de vida — e pode acontecer que haja aí bons motivos para essa opção. Em tais circunstâncias, asserções como: "Preferi a falsidade à verdade", são apenas palavras vazias.

Arnold — Com respeito a isso não posso concordar! Tome uma asserção qualquer; bem, ou é verdadeira ou é falsa, e não importa o que a gente pense. Concordo que o malvado possa ser feliz e o justo infeliz, mas isso não torna justo o malvado.

Charles — Você teria razão se o mundo fosse igual em toda parte e não mudasse ao sabor da corrente conforme muda o comportamento das pessoas. Então, sim, você poderia dizer efetivamente que aqui há uma asserção que é uma entidade estável, e que lá há um mundo que é uma outra entidade estável, que existe uma relação objetiva entre as duas e uma ou "se soma" ou não "se soma" à outra, embora possa ocorrer que eu não saiba jamais qual dos dois casos se realiza. Mas suponhamos que o mundo ou, para usar um termo mais geral, o Ser, reaja ao modo pelo qual você se comporta ou pelo qual uma inteira tradição se comporta, suponhamos que este reaja de maneira diversa a aproximações diversas e que não se conheça o modo de conectar tais reações a uma substância universal ou a leis universais. Suponhamos, também, que o Ser reaja positivamente, isto é, encorajando a vida e confirmando a verdade em muitas ocasiões. Então, tudo o que podemos dizer é que, *abordado cientificamente*, o Ser proporciona aqui, um após o outro, um mundo fechado, um universo eterno e infinito, uma grande explosão, uma parede imponente de galáxias e, no âmbito menor, um imutável bloco parmenidiano, os átomos de Demócrito, e assim por diante, até o quark etc. Além disso, podemos dizer que, *abordado "espiritualmente"*, ele nos oferece os deuses, e não apenas sua idéia, mas, sim, divindades reais e visíveis, cujas ações podem ser seguidas pormenorizadamente — e, nessas circunstâncias, a vida é encorajada. Bem, num momento semelhante *não se pode* afirmar que os deuses sejam ilusões — eles existem realmente, se bem que não de modo absoluto, mas em resposta a tipos especiais de ação, e *não se pode* afirmar que cada coisa obedece e sempre tem obedecido às leis da mecânica quântica, visto que tais leis eclodem só depois de haverem atravessado um complexo desenvolvimento histórico; *pode-se* dizer, ao invés, que culturas diversas e tendências históricas diversas (no nexo aproximativo e restrito há pouco introduzido) têm um fundamento na realidade, e que o conhecimento é "relativo" nesse sentido.

Li Feng — Você está, porventura, dizendo que o homem é medida como o são culturas inteiras, mas que também o Ser é medida e que qualquer que seja o mundo em que vivamos ele é o resultado da interação entre essas duas medidas?

Charles — Sim, essa é uma ótima formulação. Muitos cometem o erro de supor que o mundo surgido como resposta às ações dos homens ou a sua história esteja na base de todas as outras culturas, só que os outros são demasiado estúpidos para se aperceberem disso. Mas não há modo de descobrir o mecanismo pelo qual os vários mundos emergem do Ser.

Li Feng — Essa última hipótese não me deixa muito feliz — por que não deveria ser possível descobrir num belo dia esse mecanismo?

Charles — Porque as descobertas são eventos históricos — não podem ser previstas. Conhecendo-se o mecanismo de interação poder-se-ia conseguir prevê-las; por conseguinte, tal mecanismo não será jamais conhecido. Exprimindo-se de outro modo, poder-se-ia dizer que as ações da Natureza não podem jamais ser previstas por uma criatura cuja vida se distende no tempo. Tal criatura pode prever aquilo que sucede *no interior* de um mundo particular, mas não pode prever as mudanças de um mundo para o outro.

Jack — Gostaria de voltar à dificuldade sentida por Li Feng diante da impossibilidade de descobrir as leis do próprio Ser. É fácil fornecer exemplos de situações que mostram os limites do conhecimento, até mesmo segundo as leis de nosso universo finito. Tomemos, por exemplo, o estado puramente quântico da mesa que tenho diante de mim: para encontrá-lo necessitaria dispor de um instrumento de medida maior do que o universo inteiro e, se eu o tivesse, faria saltar no ar a mesa em vez medi-la. Interpretando nosso cérebro como um computador, podemos efetuar conjecturas sobre sua capacidade, e então, diante dos fatos e das leis que conhecemos e aceitamos, certas coisas iriam além de nossa compreensão. E agora, por que o Ser não deveria reagir às ações humanas com mundos que são ao menos parcialmente compreensíveis aos seres humanos, permanecendo, não obstante, incompreensíveis em si mesmos?

Arnold — Você fala como se o Ser fosse uma pessoa.

Charles — Pode muito bem acontecer que ele seja — de fato, não me oporia a pensá-lo como uma espécie de *deus-sive-natura*, mas sem a constipação spinoziana.

Jack — Será por isso que o relativismo equivale agora ao reconhecimento de que não há uma natureza estável, porém uma realidade indeterminada, não cognoscível em princípio, o que pode refutar certas abordagens — algumas ações permanecem sem verificação — mas deixa um espaço de manobra maior do que tudo quanto os realistas como Platão ou Einstein poderiam supor?

Charles — Penso que sim. Existem culturas diversas, e nem todas se compõem de lunáticos ou funcionam em virtude de uma versão extrema do princípio de Protágoras, mas antes existem porque o Ser permite diversas abordagens e, entre certos limites, encoraja um relativismo prático: o homem, ou qualquer aspecto temporariamente estável das várias culturas, é medida das coisas, *tanto quanto o Ser lhe permite ser medida*. Além disso, o Ser deixa aos indivíduos ou às culturas a quantidade de independência que é necessária para ser medida nesse sentido restrito. Pode ocorrer que um único indivíduo, que tenha enveredado por numa senda solitária, "toque um ponto nevrálgico" do Ser e forneça o estímulo para um mundo inteiramente novo. É simplesmente impossível separar a discussão sobre o relativismo e sobre a tolerância da cosmologia ou até da teologia — uma discussão meramente lógica não só é ingênua, como não tem nenhum sentido.

Dr. Cole — Bem, Platão parece ser da mesma opinião, pois em seguida, no *Timeu*, edifica uma cosmologia completa como base para explicar o conhecimento...

(*Um indivíduo de aparência culta surge à porta*) — Desculpem-me, devo começar agora a minha aula...

Dr. Cole (*olhando o relógio*) — Já? Chegamos apenas à metade do diálogo.

Donald (*com voz lamentosa*) — Com que resultado?

Charles — Quer dizer que você não aprendeu nada?

Donald — Não — tentei tomar apontamentos, mas vocês saltaram aqui e ali de um argumento a outro, foi um caos completo...

Charles — Quer dizer que um resultado é algo que pode ser transcrito?

Donald — E que outra coisa mais?

Seidenberg (*procurando mediar*) — Mas olhem, lembrem-se de quando havíamos falado do estilo de Platão e do motivo pelo qual ele se opunha ao sábio erudito...

Donald — Quer dizer que, presumivelmente, tudo foi para o espaço?

Charles — Não foi para o espaço, mas tampouco ficou impresso no papel ou na mente como uma lembrança e uma atitude.

Donald — Não é o que eu entendo por filosofia...

(*O indivíduo de aspecto culto*) — Vocês são filósofos? Não é de espantar que não tenham conseguido terminar em tempo...

Grazia (*aparece à porta uma senhora atraente de basta cabeleira e um marcante acento italiano*) — É esta a aula sobre a teoria do conhecimento?

Dr. Cole (*visivelmente interessado*) — Era, infelizmente acabou.

Grazia (*desiludida*) — Por que estou sempre atrasada?

Dr. Cole (*humildemente*) — Na realidade, a senhora não perdeu muito.

Grazia — O senhor é o professor?

Dr. Cole (*embaraçado*) — Sim, mas não quero ser um tirano...

Grazia — O senhor deixa as pessoas falarem? Ouve uma discussão? Eu poderia ter dito alguma coisa?

Dr. Cole — Se conseguisse calar os outros.

Grazia (*com um olhar de superioridade*) — Bem, não penso que teria sido um problema. Sinto muito, de verdade, ter perdido o seminário... (*Grazia sai com dr. Cole, conversando animadamente. Todos foram embora. Somente Donald ficou ali resmungando*) — Essa foi a minha última aula de filosofia. Desse modo, perderei o ano.

Ao Término de um Passeio Não-Filosófico entre os Bosques

B (*caminhando velozmente numa senda entre os bosques, falando para si mesmo*) — Aah, finalmente adeus às aulas, agora só a luz do sol e um pouco de ar fresco. Que dia maravilhoso!

Uma mosca — Zzzzzzzz.

B — Estou inteiramente de acordo com você.

Uma ovelha à esquerda — Beeeeeeh.

B — Bom dia. Você acredita que por trinta e cinco longos anos ganhei o meu salário fazendo exatamente aquilo que você faz, porém diante de muitas pessoas?

(*A ovelha mostra-se perplexa*).

B — Isso deixa você perplexa, não é verdade? (*Senta-se; segue-se um longo silêncio... interrompido por um rumor que soa como um*) — Ooeiaa.

B — O que há?

A mosca — Zz zzzz zz.

B — Você também ouviu isso, hein?

A (*exausto, com um grande embrulho de jornais e livros debaixo do braço, aproxima-se lentamente*) — Pro... pro...

B — Descanse. Venha sentar-se.

A — Obr... obri... gado.
B — O quê?
A — Obrigado.
B — Bem, o que faz aqui em cima? E com essa montanha de madeira morta!
A — O senhor é o professor Feyerabend?
B — Bem, eu me chamo Feyerabend.
A — Mas o senhor é o professor Feyerabend?
B — Não fale tão alto! Não é necessário que todos saibam como eu ganhava a vida antes.
A — Do que tem medo?
B — Bem, muita gente, quando sabe que alguém é um professor, não o trata como um ser humano normal, ao menos aqui na Europa. As pessoas, sobretudo as "instruídas", desejariam logo me classificar: aha, um professor, um professor de filosofia, daí por que ele sabe isso e faz aquilo, aborda questões difíceis de tal modo; e, quando essas pessoas me dão nos nervos e eu procuro ridicularizá-las, elas olham uma para a outra e pensam: "Bem, o típico professor descortês e presunçoso".
A — Isso não é, talvez, um pouco paranóico?
B — É bem possível que seja, mas, direi ao senhor, eu era muito mais feliz como estudante, quando ninguém me conhecia e eu podia cantar, fazer brincadeiras, efetuar observações imprudentes durante as discussões, sem ser classificado segundo a posição, o grau, o estilo e o ponto de vista.
A — Não entendo do que está se lastimando. O senhor é um filósofo e, naturalmente, as pessoas dispensam a um filósofo um respeito diferente do que a um laçador de cachorros.
B — Mas é exatamente isso. Eu não sou um filósofo, nunca fui e não tenho nenhum desejo de ser afligido por esse gênero de condição.
A — O senhor não é um filósofo? Não me faça rir! Olhe aqui (*pegando o embrulho*), olhe estes jornais. Eis as razões por que estou aqui!
B — (*erguendo-se, tomado de terror*) — Que razões?

Ao Término de um Passeio Não-Filosófico entre os Bosques ◊ 67

A — Bem, eu deveria entregar-lhe as contribuições para a sua *Festschrift* (edição comemorativa) e deveria falar com o senhor acerca de sua filosofia.

B — Que Deus me ajude! Sem a menor dúvida, Gonzalo Munevar está atrás disto.

A — O senhor não tem idéia de quão obstinadamente eu havia tentado organizar uma *Festschrift* e de quantas pessoas haviam escrito a seu respeito.

B (*suspira*).

A — A culpa é sua! (*Tira um livro do embrulho*). Veja isto: *Contra o Método — Esboço de uma Teoria Anárquica do Conhecimento* — este é o livro que o tornou famoso.

B — Mas olhe mais atentamente!

A — Onde?

B — Aqui, na própria página do título.

A — O que está procurando?

B — Depois de "anárquica"!

A — Uma nota de pé de página!

B — Sim, uma nota de pé de página! O que diz ela?

A — Bem, certamente é estranho; uma nota de pé de página no título; e justamente depois da palavra "anárquica". (*Indicando o embrulho*) — Penso que o professor Naess deu um destaque a ela de propósito.

B — Então o próprio título — *Teoria Anárquica do Conhecimento* — não lhe dá o que pensar?

A — O que está querendo dizer?

B — O que lhe sugere o termo "anarquismo"?

A — Bem, uma espécie de desordem...

B — ...precisamente. E teoria?

A — Compreendo aonde quer chegar.

B — Agora volte algumas páginas para trás, aqui, à página 7, nas linhas 8 e 9, o que está escrito?

A — Está escrito:"É uma *carta* longa e sobretudo pessoal..." — "carta" em letra cursiva.

B — Uma carta, uma comunicação pessoal, não um tratado, nem um livro de texto. Uma carta escrita ironicamente.

A — Quer dizer que o livro todo é um esboço?

B — Não, falo sério — mas não muito sério — sobre um montão de coisas, porém eu as resumo na forma de uma "posição" filosófica, aquela, sim, que é um esboço. Muitos resenhadores foram atraídos pela idéia, ainda que eu tenha deixado um número suficiente de indícios...

A — Ora, aguarde um minuto! O senhor disse haver tocado em questões sérias.

B — Sim.

A — No entanto, não há uma posição filosófica.

B — Não. Pode ocorrer que tenha havido algo que se assemelhava a uma "posição" filosófica de estudante e do início de minha carreira. Então, eu sustentava que não existia outro conhecimento exceto o conhecimento científico e que todo o resto é uma bobagem. Essa é uma espécie de "posição", não é verdade?

A — E depois o senhor se tornou anárquico.

B — Não. Depois eu li Wittgenstein.

A — Wittgenstein?

B — Sim, li as *Observações sobre os Fundamentos da Matemática* e as *Pesquisas Filosóficas* no manuscrito, em versões diversas, anos antes que aparecessem impressas, e discuti o conteúdo com Elizabeth Anscomb, que então se achava em Viena a fim de aprender o alemão para empreender sua tradução das obras de Wittgenstein. Por acaso, estudei os escritos de Wittgenstein muito mais a fundo do que qualquer coisa tratada pelo inventário popperiano, embora ainda exista quem me considere um apóstata popperiano.

A — E o senhor não é?

B — Não.

A — Então, como explica essa opinião bastante difundida? Hooker sustenta isso em seu ensaio...

Ao Término de um Passeio Não-Filosófico entre os Bosques 69

B — Hooker escreveu um ensaio?

A — Sim, um ensaio longo e pormenorizado!

B — Não vejo a hora de lê-lo. Encontrei Hooker há muitos anos; foi muito agradável, passamos juntos um certo tempo. Bem, o que diz ele?

A — Que o senhor era um popperiano e conserva ainda um "resíduo popperiano".

B — Um resíduo popperiano?

A — Um resíduo popperiano. Então, como o senhor explica isso?

B — Diga-me no que consiste esse resíduo?

A — O senhor usa procedimentos negativos, critica, refuta!

B — Bem, não quero atacar Hooker sem tê-lo lido, mas pretende dizer, de verdade, que Popper inventou a crítica?

A — Popper introduziu a falsificação mediante casos negativos...

B — ...você está brincando? A falsificação mediante contra-exemplos é velha como o mundo. Os sofistas a praticavam por prazer; era a arma principal dos cépticos desde a Antigüidade, a Montaigne, até Mates, e foi ridicularizada como *antilogike* simplista ou como quebra-cabeças por Platão: a melhor crítica do "falsificacionismo ingênuo", como Kuhn e Lakatos chamaram o procedimento de Popper, encontra-se na *República* e no *Teeteto*! Na verdade, é demais fazer de Popper o inventor do falsificacionismo! Na mesma medida, Ronald Reagan poderia ser definido como o inventor da retórica! Ademais...

A — ...mas, espere um pouco! O senhor não me deixou terminar! Popper introduziu a falsificação mediante casos negativos *para resolver o problema de Hume*.

B — O problema de Hume?

A — É sim, o problema relativo ao modo pelo qual o conhecimento pode ser adquirido e melhorado por vias racionais.

B — Quer dizer que antes de Popper a ciência era irracional?

A — Não, não, mas antes de Popper as opiniões sobre a natureza da ciência eram equivocadas.

B — Inclusive as dos cientistas?

A — Inclusive as dos cientistas.

B — Bohr? Newton?

A — Especialmente Bohr e Newton.

B — Isso me parece assaz surpreendente. Os cientistas têm opiniões errôneas sobre a natureza da ciência, no entanto fazem descobertas, promovem revoluções, ampliam de maneira constante o nosso horizonte. O próprio Popper faz da ciência um paradigma do conhecimento. Popper, de outro lado, é detentor da opinião correta. Contudo, tudo aquilo que encontramos nele são sugestões insossas e completamente desinformadas sobre a interpretação da mecânica quântica — sobre a interpretação, veja bem, não sobre a teoria mesma, que foi inventada por trapalhões como Bohr, Heisenberg, Born e Schrödinger. Desse paradoxo eu deduzo que devemos distinguir entre a prática da ciência — que é complicada, não de todo transparente, mas no entanto parece produzir bons resultados — e as idéias filosóficas, que não apenas não têm influência sobre a prática, como oferecem somente a sua ridícula caricatura. Uma boa filosofia, no sentido abstrato no qual o senhor e Popper entendem a matéria, não preserva ninguém da possibilidade de tornar-se ridículo acerca de questões científicas, enquanto uma má filosofia não arruina completamente um cientista. O mesmo é verdade com respeito às relações entre filosofia e política, filosofia e religião, filosofia e sexo...

A — Mas o cientista irá perder tempo...

B — ...e seguindo Popper, não o perderia?

A — Não, na mesma medida.

B — Isso tudo é para ser visto. Os casos negativos põem fora de combate uma teoria, não é assim?

A — Casos negativos e *confirmativos*.

B — E os casos negativos são corroborativos se, malgrado o rigor do experimento, prevalecem?

A — Sim.

B — Onde os experimentos dão todos os mesmos resultados?

A — Afora os do intervalo do erro, sim.

Ao Término de um Passeio Não-Filosófico entre os Bosques ○ 71

B — E pensa que uma teoria interessante, que dá lugar a experimentos complexos, pode ser corroborada de maneira tão nítida? Sem aberrações, sem apresentar em algum lugar resultados inexplicáveis, sem dificuldades ininteligíveis?

A — O que está querendo dizer?

B — Quero dizer que qualquer teoria interessante está cercada de um oceano de anomalias cujos elementos dão origem a ulteriores anomalias, quando se busca corroborá-la. Dada uma teoria qualquer, é possível mostrar numerosos resultados experimentais que estão em conflito com ela. Dado um resultado experimental qualquer, parcialmente confirmado, pode-se indicar experimentos que negam aquele resultado e assim por diante. A notação de que os casos negativos põem fora de combate uma teoria não é, por isso, de nenhuma utilidade; não há corroborações "polidas". A notação é, sobretudo, desencaminhadora, porquanto insinua que a ciência é muito mais simples do que é efetivamente. Um popperiano que enfrentasse a ciência seria derrubado pelas dificuldades que viesse a encontrar — ficaria absolutamente paralisado!

A — O senhor confunde dois problemas completamente diversos — o problema *lógico* da relação existente entre a teoria e as provas, e o problema *prático* relativo àquilo que deve ser considerado como prova. Uma pura refutação, isto é, um conflito entre uma asserção singular plenamente corroborada e a teoria da qual é um exemplo, elimina a teoria, enquanto uma pura confirmação deixa a situação inalterada...

B — Palavras vazias! *Neste mundo* não há puras refutações, o que significa que *neste mundo* a solução do problema de Hume é despida de interesse pela prática científica. Isso é verdade também no tocante a outras doutrinas filosóficas. Os filósofos têm de se haver com um país dos sonhos que quase não tem nenhum contato com a vida real dos cientistas, políticos, pessoas como você e como eu.

A — A lógica aplica-se a todos.

B — A lógica? Para começar não há uma única "lógica"; há diversos sistemas lógicos, alguns mais realistas, outros menos. Em segundo lugar, a lógica aplica-se a uma argumentação, somente na medida em que os elementos da argumentação — os conceitos, as idéias — remanescem estáveis. Mas, as argumentações que conduzem a novas intuições raramente satisfazem essas condições. Terceiro, a distinção entre verdade lógica e verdade empírica é uma distinção à qual não corresponde uma diferença. Ambas podem ser revistas, ambas podem morrer, a única diferença é dada pelas orações fúnebres. Isso é coisa pisada e repisada por todos aqueles que leram Quine. E daí, que consolos tira um homem à beira da morte de tal distinção ao saber que sua morte não é logicamente necessária? De novo palavras vazias.

A — Está dizendo, talvez, que o problema de Hume é um pseudo-problema?

B — Precisamente! Tomemos como exemplo alguém que está estudando uma língua estrangeira. Quando começa, é ignorante, ao fim "conhece" a língua. Segundo Hume (que era muito mais sensato do que aqueles que procuraram "resolver" seu "problema"), esse processo compreende três elementos: a evidência, as generalizações relevantes e uma cadeia de raciocínios que leva de uma a outra. Ora, Hume argumenta que nem a lógica somente, nem a lógica com o acréscimo de asserções adequadas, nem tampouco a probabilidade podem "estabelecer" as generalizações a partir de uma certa evidência. Esse é o "problema de Hume". Trata-se de um pseudo-problema, porque a subdivisão em evidência, generalizações e raciocínios de sustentação raramente se encontra na prática. Qual é a evidência em que o indivíduo baseia o próprio conhecimento de uma língua e quais são as "generalizações" que constituíram tal conhecimento? Esses elementos podem ser individualizados em alguns casos (aprender de memória, decorar), mas não em outros (aprender por imersão), e, ademais, a "evidência" não é absolutamente uniforme, como parece sugerir esse modelo. A pessoa que fala uma língua por imersão nela tem que fazê-lo com o jargão, com as idiossincrasias individuais, com as licenças poéticas, com as facécias, e assim por diante. Utilizando o tão benquisto exemplo dos corvos, pode-se dizer que o problema não diz respeito ao modo em cujo sufrágio se afirma "Todos os corvos são negros", dados dez corvos negros como o piche, porém diz respeito ao modo em que se afirma que "Todos os corvos são negros", dado um grupo de aves entre as quais algumas são claramente corvos, outras são casos duvidosos, entre os quais alguns não têm penas, outras são cinza-gris com manchas brancas, e assim por diante. A maior parte dos problemas científicos são desse tipo — o que significa que a solução do problema de Hume não apresenta nenhuma relevância para a prática científica. Pode acontecer que aí sejam quase humanos, mas são raros e se encontram somente nas partes fastidiosas da ciência. Assim, veja, não pode haver um "resíduo popperiano", porque jamais existiu um corpo popperiano vivo e completamente articulado. Como quer que seja, se há algum "resíduo" no meu armário, é um resíduo céptico. Mas, prossigamos — em alguma parte durante a minha trajetória li um interessante ensaio de Michael Polanyi sobre a concepção do mundo dos Azande (população centro-africana). Ali, aparecia aplicado concretamente o conselho de Wittgenstein, que manda olhar, entender e não sair pela tangente. E depois Mill, em *Sobre a Liberdade*, ensinou-me que as diversas concepções do mundo não devem estar necessariamente lado a lado, mas podem estar empenhadas em melhorar o clima geral da consciência. Eu pensava que os pontos de vista, as formas de vida tinham sentido e adquiriam substância somente quando estavam inseridos numa série de outras formas de vida. Desenvolvi até uma teoria de controle experimental sobre essa base...

A — ...a sua onipresente partícula browniana...

B — ...uma idéia que peguei de David Bohm[7].

---

7. David Bohm veio ao Brasil em 1952, no auge do macarthismo, e passou a lecionar na Universidade de São Paulo, como professor do antigo Departamento de Física da Faculdade de Filosofia, Ciências e Letras. Ministrou os cursos de Física Teórica e Mecânica Estatística, exercendo não só grande influência sobre seus alunos e jovens pesquisadores, como produzindo trabalhos em cooperação com seus colegas do Departamento de Física, entre os quais Walter Schützer e Jayme Tiomno, além de outros. Embora seu primeiro livro de física quântica, *Quantum Theorie*, fosse totalmente baseado na visão da Escola de Copenhague, sua linha de pesquisa fundamental orientou-se no sentido da restauração da causalidade clássica, a partir de uma reformulação e extensão dos princípios advogados por Bohr, Heisenberg e Born na mecânica quântica, tendo em mira uma postura realista, determinista — numa versão não-relativística — pela introdução de um "potencial quântico" (nem onda nem partícula) capaz de guiar uma partícula. Bohm permaneceu em São Paulo durante quatro anos e, após uma rápida estada em Israel, estabeleceu-se em Londres, onde veio a falecer. Seus pontos de vista sofreram críticas acerbas na época, mas recentemente voltaram a ser reconsiderados nos meios científicos.

A — Ainda uma posição filosófica.

B — Sim, poder-se-ia chamá-la assim. Mas, pouco a pouco, estamos tornando-nos desconfiados da possibilidade de regular o conhecimento de longe, com a ajuda de princípios e modelos abstratos. Pensei que o mundo, e especialmente a vida humana, fossem demasiado complexos por isso. Escrevi uma série de ensaios inspirados em Mill...

A — ...e, no fim, *Contra o Método*. Depois de Mill, o senhor chegou ao anarquismo.

B — E aqui está a desgraça. Aquilo que estávamos vendo não era uma posição ou uma doutrina que pudesse transformar-se na pedra angular de qualquer disciplina acadêmica, porém um modo de pensar e viver independente da disciplina. Esta é a razão pela qual procurei demonstrar que nem sempre a prática da ciência podia estar encarcerada em conceitos gerais, a não ser de um modo vago e superficial. Até a ciência, que está plena de estereótipos e bastante afastada da vida cotidiana dos seres humanos, vai além do alcance dos princípios e dos métodos filosóficos. Já falamos disso.

A — O senhor sim, eu não. Mas o que quer dizer com isso? O senhor ainda leciona, não é verdade?

B — Não, com pena retirei-me de todo encargo.

A — Por quê? Não era obrigado! Nos Estados Unidos não há limites de idade para os docentes universitários.

B — É verdade. Mas o limite eu mesmo mo fixei. Além disso, tenho uma mulher maravilhosa que trabalha em Roma e que vejo muito pouco, para o meu gosto.

A — Mas o senhor era um professor de filosofia, ou não? Dava aulas de história da filosofia e de filosofia da ciência, certo?

B — Sim, eu era um funcionário estatal do Governo Federal suíço e do Estado da Califórnia, com um programa de trabalho, um salário e uma pensão. Mas tudo isso tem pouco a ver com a filosofia.

A — E o que fazia durante suas aulas?

B — Contava histórias.

A — Histórias?

B — Sim, histórias sobre qualquer gênero de coisas. Há dois anos, por exemplo, descrevi vários episódios extraídos da história da teoria atômica, incluindo Demócrito, Aristóteles, Bohr, Einstein, Aspect, Dalibard e Roger.

A — Aspect — quem é? E quem são os outros?

B — Três expoentes da física experimental, oriundos de Orsay na França. A meu ver, nenhuma idéia interessante foi jamais completamente sufocada, por mais escassas que fossem as provas a seu favor. No Ocidente, a teoria atômica teve início com Parmênides, cuja asserção de que nada muda jamais, foi refutada por Aristóteles; no século XIX, alguns cientistas consideravam-na um monstro antediluviano e, no entanto, ela retornou triunfante à cena: os biólogos moleculares são tão ingênuos como o velho Demócrito. Em Berkeley recontei a história da filosofia antiga. Começávamos com um exame dos textos; por exemplo, quantas são as palavras do próprio Parmênides que temos à disposição e quão aceitável é a tradição? Depois, chegávamos às principais formas literárias: a épica, a poesia lírica, a sátira, a prosa científica (que foi inventada mais ou menos naquele tempo), a obra teatral, o discurso político e o informativo, o romance, o conto e, mais tarde, o diálogo, com exemplos que ilustrassem seus efeitos. Não constituíam apenas joguinhos poéticos — eram usados para informar, criticar, oferecer sugestões religiosas, militares, políticas. Qual forma era mais adaptada às intenções do novo grupo de faladores que subiram à ribalta nos séculos VI e V, os assim ditos "filósofos", que forma utilizaram e por que e, sobretudo, de que coisa foram capazes? Platão rejeitou as obras teatrais, a épica, a prosa científica e escolheu o diálogo. Discuti em pormenor suas motivações, pois que tinham muito a ver com a pergunta que indaga o quanto a filosofia supera a tradição.

A — Por isso o senhor argumentava durante as aulas!

B — Não, não, não, não! Descrevi a *vida* de pessoas que se dedicaram à temática de tipo sobretudo restrito e a sua *influência* sobre os outros. Uma vida construída sobre a teoria é diferente de uma vida construída sobre a simpatia, sobre o medo, sobre a esperança, sobre o bom senso. Procurei tornar visível tal diferença. Onde foi possível, evoquei a imagem de Empédocles com suas sandálias de ouro, o seu manto purpúreo, a multidão de rapazes que o acompanhava e os milagres que operava.

A — Mas o que dizia das idéias desses filósofos?

B — Sim, sim, falava das suas idéias. Naturalmente citava aquelas que eles haviam escrito ou dito, ou o que se disse que haviam dito; discuti sobre os efeitos que suas propostas exerceram sobre seus colegas filósofos e sobre os antigos em geral e, o que é muito mais importante, discuti sobre os efeitos póstumos de sua atividade na física, na biologia, na sociologia, na filosofia, na política, etc. Muitas idéias que agora parecem ingredientes óbvios do conhecimento (científico), da ética, da política, surgiram na antigüidade e então foram atacadas, defendidas e atacadas de novo com ótimos argumentos. Aqueles que sentem a necessidade de razões impessoais para suas próprias preferências e antipatias — e eu não estou entre eles — podem aprender muito com os debates antigos, uma vez que esses não são ofuscados por tecnicismos inúteis. Explicavam tudo sob a forma de histórias que continham provas ou que incluíam esboços de prova, não "fazendo filosofia".

A — Suas histórias não tinham um escopo?

B — Certamente. Mas há tanta gente que conta histórias com um escopo: jornalistas, comediógrafos, romancistas, mães, cientistas — quase todas as fábulas têm um escopo. Mas os filósofos, em especial os de fé racionalista, atingem o seu escopo de um modo inteiramente peculiar. Suas histórias são estreitamente entretecidas, quase não são mais histórias. Usam conceitos abstratos e emotivamente descontaminados. E usam conceitos similares não para afinar nossa visão das coisas ou para enriquecer nossa existência, mas para nos impelir para passagens estreitas e escuras. Os sentimentos, as impressões, os desejos podem entrar no debate somente depois de terem sido capturados como borboletas, mortos e distendidos sobre uma prateleira filosófica. Além disso, os filósofos, sobretudo os racionalistas, estão interessados nos princípios gerais e não na vida dos indivíduos. Considerando a riqueza de nosso mundo, isso significa que suas histórias serão vazias ou despóticas; a gente precisa mutilar a própria vida para adaptar-se àquelas histórias. Leia Kant sobre a ética! E a réplica de Schiller!

A — Creio que o senhor tem uma visão unilateral da "filosofia". O que pensa de Nietzsche, ou Kierkegaard, ou Heidegger? Justamente há algumas semanas, li o livro de alguém que me parece chamar-se Nagel, e a colocação dele não se assemelha em nada sua descrição da filosofia.

B — Tem razão; há exceções. Há indivíduos que se definem como filósofos e, todavia, não amam, ou melhor, detestam o discurso uniformizado. Mas, para sua lástima, escolheram o instrumento errado e se dirigem ao público errado. São poetas sem talento poético, mas não sem astúcia; assim, criaram uma matéria por si existente na qual a falta de emoções é um bem e a ausência de imaginação é uma condição de sucesso. Pode acontecer que brilhem, se comparados a seus colegas ainda menos dotados — mas são tristemente deficitários no tocante ao resto. Pense justamente no modo como os estudantes de filosofia são preparados para desenvolver sua profissão! Será que suas idiossincrasias são tomadas em consideração? Não. Será que lhes é permitido exprimir-se "autenticamente"? Raramente. Será que lhes ensinam como viver com os outros, como tocar seus corações? Certamente não. A velha idéia de objetividade, que não é outra coisa senão a outra face da esterilidade de seus inventores, é sempre preponderante, se bem que vestida com novos trajes e segundo a moda. Ademais, os filósofos do século XX põem tudo aquilo que dizem em relação com um grupo de autores atentamente selecionados — o real é aquilo que sobrevem nesse grupo. Em Rorty, por exemplo, há muita coisa sua com a qual posso estar de acordo, mas não escreveria como ele e certamente não sei o que fazer com os autores que ele discute. E isso sucede em áreas como a ética, a estética, a antropologia, a filosofia política, onde poderíamos, sim, esperar conclusões mais vagas. A filosofia da ciência nunca teve o seu Kierkegaard ou — graças a Deus — o seu Nietzsche. Tampouco Kuhn permitiu que a história falasse espontaneamente; ele quer envolvê-la com amarras teóricas.

A — O senhor não tem muito respeito pelo trabalho dos filósofos!

B — Não vejo por que deveria! De outro lado, recebi um certo tipo de educação de parte de Mill, Wittgenstein ou Kierkegaard, que li em 1946, quando estava enfiado num sótão úmido, cercado de aranhas, baratas e de estufas enferrujadas. Nos últimos dez anos estudei Platão, pelo qual nutro uma admiração ilimitada; empreguei três anos para preparar um curso de aulas sobre a *Física* de Aristóteles, que na minha opinião é um grande livro...

A — Bem, se isso não é fazer filosofia...

B — ...mas perceba, eu não estudo e discuto esses autores para abrilhantar uma *matéria* ou construir uma *ideologia*, ou cultivar *idéias* — afinal, no tempo de Platão e de Aristóteles a disciplina "filosofia" havia apenas se constituído — mas para prover a mim mesmo e aos meus ouvintes de uma indagação sobre a possibilidade da existência humana. As pessoas nascem e morrem, enamoram-se, sustentam-se mutuamente, matam-se umas às outras; cantam, dançam, compõem sinfonias, raciocinam, estipulam, pintam. Desse amplo leque da atividade humana seleciono, em virtude das circunstâncias de minha educação, alguns elementos para exibir, sem presumir que o meu pequeno museu seja mais completo, mais importante, mais fundamental, mais profundo do que, quem sabe, uma exibição de Laurie Anderson. Mas — e agora chega o elemento que se assemelha ao desprezo — não posso suportar que os assim chamados pensadores não só presumam conhecer melhor do que outros seus símiles — o que seria simples presunção, e acho que não se pode objetar nada à presunção — mas que eu coloco num nível inferior sob o plano existencial. Aqui, ao menos no Ocidente, os filósofos mostram o caminho; leia justamente Heráclito, Parmênides, Xenófanes e, naturalmente, Platão. Spinoza, o gentil e amável Spinoza argumenta um pouco como segue: Deus falou aos profetas por imagens, pois não eram bastante inteligentes para entender a Sua Verdadeira Mensagem. Os filósofos, que possuem os conceitos, o são. Por isso estão qualificados para remover o murmúrio incoerente e o vozerio dos profetas. Encontro uma atitude similar...

A — Onde é que Spinoza diz isso?

B — No seu *Tratado Teológico-Político*. Bem, acho desprezível uma atitude assim.

A — Ainda que possa ser sustentada por argumentações?

B — *Especialmente* quando pode ser sustentada por argumentações! Quem venderia a alma por uma argumentação? Mas não é necessário, na verdade, ir tão longe. Já se foram tempos em que as idéias que hoje nos parecem ridículas e até repelentes desfrutaram de um forte apoio empírico e teorético.

A — Você pode me apresentar um exemplo?

B — Certamente — a idéia de que a terra esteja em estado de quietude no centro de um mundo esférico, ou a idéia do éter para a propagação da luz e, mais tarde, de todos os processos eletromagnéticos. Ou a teoria do flogístico, que trouxe ordem entre muitos fatos díspares e que sobreviveu a numerosos ataques.

A — Mas gostaria de saber algo mais sobre o suporte empírico dessa teoria...

B — Bem, leia a literatura, mas tenha o cuidado de consultar os informes mais recentes e mantenha-se bem perto dos históricos; alguns dentre os velhos autores procuraram tenazmente demonstrar que as idéias superadas nunca tiveram sentido, e a maior parte dos filósofos se contentou com hinos piedosos e alguns poucos eventos mal e porcamente comunicados. Ora, suponhamos que, um belo dia, os biólogos "descubram", isto é, proporcionem um suporte razoável à idéia de que a inteligência e a sensibilidade estão ligadas geneticamente e que existem raças "perigosas", ou seja, raças que constituem ameaça ao futuro da humanidade. O que fariam nessas circunstâncias?

A — O que quer dizer?

B — Como admiradores da ciência, aceitariam esse ponto de vista e dariam expressão a um voto favorável nas eleições locais, estaduais e federais — por exemplo, sugeririam eliminar os membros dessa raça ou tentariam protegê-la dos efeitos da nova descoberta?

A — Os cientistas não proporiam jamais uma tese do gênero.

B — Mas já o fizeram! Leia a propósito o livro de Steven Gould, *A Perversa Mistura do Homem*, ou o de Kleves, *Em Nome da Eugené-*

tica e outras obras nesse campo. Asseguro-lhe que livros semelhantes lhe abrirão os olhos!

A — Mas o que posso eu fazer?

B — Pode fazer muito! Suponhamos que se apaixone por uma pessoa pertencente à raça perigosa. Isso lhe dá um conhecimento que nenhum cientista possui, a menos que ele também esteja apaixonado por alguém assim. E isso não só lhe fornece um certo conhecimento, mas lhe dá também a motivação e o desejo de substituir o informe científico por seu modo de ver.

A — O amor contra os resultados científicos?

B — Que outra coisa poderia ser? Naturalmente, não posso *argumentar* com o senhor sobre esse caso, porque aquilo que está em jogo não é uma conexão de idéias, mas o poder de um sentimento...

A — Os sentimentos contra as argumentações?

B — Veja! As argumentações têm necessidade de conceitos claros para funcionarem. Está de acordo?

A — Bem, certamente seria difícil obter argumentações conclusivas com termos conotados emotivamente.

B — Mas os termos emotivamente conotados têm uma função própria na vida, ou não?

A — Bem...

B — As relações pessoais constituem-se e mantêm-se graças a sua ajuda. Se pergunto:"Está triste?" — O senhor me compreende perfeitamente e compreende também a simpatia que a pergunta comunica, essa simpatia estabelece um liame — tudo isto seria destruído se substituíssemos as idéias imprecisas, as expressões do rosto, os gestos, as palavras emotivamente conotadas, por noções precisas e assépticas. Além disso, palavras, gestos, expressões do rosto não estão nunca separados no modo que o lógico assume como ponto de partida. A pergunta "está triste?" faz parte de um fenômeno complexo que cai em pedaços quando se isolam seus ingredientes "semânticos". Encontramo-nos, então, em face de uma escolha: queremos que as mutações destrutivas causadas pelas racionalizações incidam sobre *todos* os aspectos de nossa vida, ou queremos conservar uma seção relativamente grande do gênero de discurso que acabei de descrever? Para mim, a escolha é óbvia. Argumentos racionais sim, mas numa colocação especial, não no centro da existência humana.

A — Talvez o senhor queira dizer que o centro deveria ser pleno de sensibilidade, mas falto de conhecimento?

B — Não dramatizemos! O conhecimento como é definido pelos racionalistas — conhecimento objetiva e emotivamente asséptico, cujos ingredientes possam ser todos registrados em enunciados claros — não é o único gênero de conhecimento, nem mesmo na ciência. Um experimentador deve ter familiaridade com a própria aparelhagem. Esse "conhecimento tácito", como o denominou Michael Polanyi, é o resultado de uma longa experiência; só raramente ela é explícita e está pressuposta, não eliminada, pelo procedimento mais formal. O conhecimento que uma pessoa possui de outra é "tácito" numa medida muito maior. Revela-se, em parte, em ações conscientes, em parte em ações inconscientes, influencia a percepção, sua articulação muda sutilmente o aspecto: uma pessoa numa pintura ou numa obra teatral não é igual a uma pessoa que se encontra por acaso num restaurante. Para descrever um minuto da vida de um indivíduo pode-se precisar de meses e, num certo sentido, não se chega jamais ao fim — simplesmente porque não existe um conjunto bem definido e limitado de fatos que possam ser denominados de "todos os fatos capitais da vida de XY entre as 11h24m e as 11h25m da manhã de segunda-feira, dia 25 de junho de 1989". Leia Pirandello! Os racionalistas quereriam substituir toda essa riqueza por algo mais manejável. Nós, isto é, os cidadãos que pagam os salários deles, devemos ficar de olho neles e interferir quando se lançam demasiado nessa direção.

A — Quer dizer que o senhor recomendaria o controle da filosofia, da pesquisa e da difusão do conhecimento?

B — Somente se tal difusão for responsável pela destruição dos elementos pessoais na nossa existência! O conhecimento, como definido e produzido pelos racionalistas, é um ingrediente precioso da vida, mas como o automóvel, os aviões, os reatores nucleares, têm efeitos colaterais que podem tornar necessária a regulação do seu emprego...

A (*alçando-se com uma repentina mudança no semblante*) — Pretende na verdade isso! O controle do conhecimento! O controle do pensamento!

(*A ovelha escapa*)

B — Meu caro, seus filósofos tratam o conhecimento como a Associação Americana de Fuzis trata as armas de fogo — não devem ser tocadas, por mais desastrosos que possam ser os seus efeitos. Mas veja! Um excesso de automóveis mata os bosques, as montanhas, os lagos, as pessoas e contamina a área, provocando congestionamentos de estradas, torna as crianças nervosas devido ao barulho, etc, etc. No entanto, as pessoas amam os automóveis e não renunciam a eles com facilidade. Por isso, temos necessidade de leis que regulamentem seu uso. Os discursos muito "racionais", ou seja, expurgados de emoção, danificam as sutis conexões que existem entre o conhecimento, a sensibilidade, a ação, a esperança, o amor e os fragmentos da nossa vida. As nossas mentes devem ser menos protegidas que os nossos pulmões? E não é apenas uma questão que concerne a nossas mentes! Para Descartes, os animais são máquinas, e qualquer emoção manifestada nos seus confrontos está fora de lugar. No que me diz respeito, é uma atitude bárbara que coloca Descartes abaixo até do mais estúpido Shawnee (índio algonquiano[8]). Deveremos, porventura, permitir a semelhantes bárbaros dirigirem nossa vida, manipularem nossos sentimentos e determinarem nossas ações?

A — E se Descartes tivesse razão?

B — E quem decidirá isso? Os amantes dos animais ou os pesquisadores que não têm nenhum remorso por torturar os animais vivos? Os fatos recolhidos pelos dois grupos seriam muito diferentes.

A — Sim, aí seriam opiniões subjetivas, de um lado, e fatos objetivos, de outro.

---

8. Etnia indígena da América do Norte.

Ao Término de um Passeio Não-Filosófico entre os Bosques ○ 83

B — Não parece que o senhor tenha lido Lorenz. Além disso, quem diz que a abordagem objetiva chega ao âmago do problema, enquanto as opiniões subjetivas não chegam a nada? E, antes de tudo, como justificamos a distinção? Especialmente desde quando, ao que parece, foram levantadas dúvidas pela psicologia e até pela física?

A — As aberrações da mecânica quântica são irrelevantes no plano macroscópico...

B — Em primeiro lugar, não é verdade, como demonstram a supercondutividade e outros fenômenos! Em segundo, ainda se fosse, deveríamos admitir também que a objetividade não é um ingrediente *a priori* da ciência, porém um instrumento da pesquisa que pode produzir resultados, mas pode também falhar.

A — A biologia moderna conseguiu um grande número de resultados.

B — O senhor se refere à biologia molecular! Justo! A hipótese de Descartes produziu resultados nesse campo restrito. Agora a questão se articula assim: 1) os resultados são importantes? 2) consolidam as hipóteses? e 3) podemos aceitar os resultados que julgamos apreciáveis e refutar a hipótese? Resposta 1: alguns são, outros não; resposta 2: não; resposta 3: sim. De fato, é preciso distinguir entre os efeitos de um uso restrito da hipótese e os efeitos de uma sua aceitação geral. Esses últimos não são absolutamente desejáveis. Implicam que a natureza seja um legítimo objeto de estudo e de transformação ilimitada; isto é, que seja como um albergue enorme e fora de moda que precisa ser explorado, limpo e reestruturado. Há de concordar que essa atitude comportou conseqüências desastrosas. Seria, por isso, muito imprudente inserir as ideologias profissionais como partes da educação geral. Vocês, caros gênios — deveríamos dizer aos nossos especialistas — estão livres de ser bárbaros quanto queiram em suas pesquisas, mas não esperem que *nós* aceitemos a atitude que lhes parece necessária para suas descobertas.

A — Mas isso é parasitismo!

B — Longe disso. Os bárbaros são pagos, não é verdade? Estão dotados de laboratórios custosos, não é verdade? É-lhes permitido, ou melhor, são encorajados a fazer aquilo que preferem, não é verdade? Para seus projetos megalômanos são desperdiçados milhões de dólares, ganham prêmios, podem aparecer na televisão etc. etc. Por que deveríamos imitá-los e encarar o mundo a seu modo? Temos necessidade de servidores: nós os adestramos, os pagamos, lhes damos uma aposentadoria; mas ninguém diz que sua filosofia deveria tornar-se a base da civilização.

A — Mas não crê que a imposição de limites ao pensamento comportaria conseqüências terríveis?

B — O pensamento já está limitado em muitos modos — e por bom motivo. Pode acontecer, naturalmente, que se tenha conseqüências imprevistas. Mas qual é a alternativa? Não fazer nada? Além disso, não sugiro impor limites ao *pensamento*, mas sim a certas *amplificações institucionais* do pensamento. Os defensores de Salman Rushdie — e, veja bem, eu não estou entre eles — não querem apenas que ele pense, querem editores, estações de TV, clubes literários para amplificar seu pensamento e para tirar proveito dos ganhos. Não é a liberdade do *pensamento* que me preocupa, mas a liberdade do *pensamento com plenos poderes*. De fato, o poder, pondo-se de lado o modo pelo qual é exercido, deve sempre ser mantido sob vigilância muito atenta! Os escritores amam sublinhar que a pena é mais potente que a espada. Bem, se eles têm razão, então é também mais perigosa. Imagine, por exemplo, um caso semelhante: uma sociedade à beira de uma guerra civil, um autor está escrevendo um livro que pode provocar o seu início. Como governante responsável ordenaria que o livro fosse queimado e o escritor preso, se não prometesse solenemente aguardar tempos menos perigosos; no meu parecer, a vida humana é muito mais importante do que as palavras que pretendem representar idéias.

A — Nenhum país civilizado se comportaria desse modo.

B — "Os países civilizados", como o senhor os denomina, já o fazem! Na Alemanha é proibido projetar os principais filmes nazistas, pelo fato de que poderiam ferir os sentimentos de alguém e suscitar velhas hostilidades. Agradar-me-ia ver o *Judeu Süss* com Werner Krauss, um ator que admiro enormemente. Vi o filme quando eu tinha cerca de dezesseis anos e gostaria de verificar a lembrança que tenho dele, mas concordo que proibi-lo foi uma medida sábia. Deixe que os modernos defensores da arte obscena e da poesia ofensiva apliquem seus argumentos a esse caso e verá aonde iremos acabar! Ademais, eu já lhe havia dito que o conhecimento "objetivo", emotivamente descontaminado, é apenas uma forma do conhecimento, e de modo algum a mais importante. As relações humanas são criadas e mantidas pela empatia, a qual, só para agradar os objetivistas, poderia ser considerada uma operação especial, como o uso de um microscópio, que leva a intuições não disponíveis através de outras operações...

A (*fazendo um esforço*) — ...bem, não quero entrar no mérito da questão do controle do pensamento; mas, como o senhor mesmo disse, há filósofos que sustentam a existência de diversas formas de conhecimentos...

B — Sim. Kierkegaard e Polanyi não constituem exemplos, e os admiro a ambos. Mas pode-se dizer que são tão eficazes quanto o cinema, o teatro, a poesia ou o senso do próprio valor inculcado no indivíduo pelo amor de seus pais, no encorajar e proteger os elementos pessoais do conhecimento? O filósofo Polanyi *descreve* fenômenos científicos que se ajustam ao modelo objetivista; ele não os *cria*. Isso, ao invés, é o que faz o físico-químico Polanyi. Analogamente, os filósofos podem *individualizar* o tipo de conhecimento que eles têm em mente, podem *descrevê-lo*, se bem que de maneira antes imperfeita, porquanto sua linguagem é afetada pela objetividade, podem *apreciá-la*, podem *objetar* contra sua separação do resto — mas não há um único filósofo que se iguale a um artista, a um santo ou a um político no dar perfil, força e substância a esse "resto". Isto é o que pretendo quando afirmo que os "bons" filósofos — que existem de verdade — elegem o mister equivocado ou o meio equivocado para suas propostas.

A — E esta é a razão pela qual o senhor prefere Ayn Rand a Foucault?

B — Ouviu falar dessas observações! Sim! O seu *Atlas Shrugged* (Atlante Sacudiu as Espáduas)[9] é a melhor introdução a Aristóteles que eu conheço.

---

9. Ayn Rand é sua autora.

A — Está falando sério?

B — Calcule o senhor mesmo! O livro eleva-se acima da produção destituída de vida dos nossos acadêmicos. Há amor, assassínio, fornicação, espionagem industrial, mistério — tudo conduz gradualmente aos princípios da filosofia aristotélica. Naturalmente, não aceito o seu produto, mas ao menos há um produto, um produto concreto, não apenas palavras vazias. Aquilo de que precisamos para realizar progressos nessas coisas não é uma prática acompanhada de reflexões soltas; o que precisamos é uma combinação de reflexões filosóficas e produções artísticas (ou científicas) ou, visto que a reflexão filosófica tem a tendência de sair pela tangente, e visto que essa tendência agora é sustentada pela exigência da especialização, aquilo de que precisamos em cada campo é uma produção inteligente e auto-reflexiva — em outras palavras, aquilo de que precisamos é a *vida* que, vivida bem e sabiamente, tornará supérflua boa parte da filosofia. Como vê, há ótimos motivos pelos quais nutro escasso amor pela filosofia profissional.

A — Mas esta não é também uma posição filosófica? Hooker diz que sim. Ele começa seu ensaio com um capítulo intitulado "Situar Feyerabend no interior de uma teoria das tradições ocidentais". E a identifica como anárquica.

B — É justo, mas não muito esclarecedor. Dada uma certa pessoa, é possível construir uma grade conceitual e classificá-la com o conceito mais similar a seu modo de existir. Mas outras grades podem levar a caracterizações diversas e mais condizentes. Se as categorias fossem plantas e divindades — ponto e basta — então eu acabaria entre as plantas. Se fossem santos e criminosos, obviamente acabaria entre os criminosos. Os primeiros antropólogos subdividiam as coisas viventes em cristãos, heréticos, animais e monstros, e gastaram uma enormidade de tempo tentando classificar os índios da América. Dada a grade de Hooker, não posso ser outra coisa senão um anárquico. Como quer que seja, se considerarmos a obra de Marcello Pera, estou bastante convicto de que poderei recobrar uma certa "racionalidade" numa grade que contenha também a retórica.

A — Marcello Pera também escreveu um ensaio.

B — Verdade? Onde está? (*examina as várias contribuições enquanto continua a falar*) E para que conhecer tudo aquilo que uma pessoa diz ou faz com as "posições" relativas a uma temática particular? Logo ninguém poderá mais dizer "Estou cansado", sem que lhe seja assinalada uma posição sobre alguma questão fisiológica fundamental (*olha ansiosamente para seu relógio, tristemente para o sol que baixa e com apreensão para o embrulho de A*) ...bem, imagino que deveríamos acabar com essa coisa...

A — Então responderá a essas intervenções?

B — Não acho que haveria muito sentido.

A — Por que não?

B — Antes de tudo, é preciso dizer que alguns artigos foram escritos e publicados há cerca de dez anos. Eu já os comentei em alemão e, de um modo diferente, em inglês. Pode encontrar os comentários no segundo volume das *Versuchungen* a cargo de H. P. Duerr (Frankfurt 1980-81), no capítulo 12 do *Adeus à Razão* (Londres, 1987) e no capítulo 14 dos *Irrwege der Vernunft* (Frankfurt, 1989), a versão alemã, parcialmente reescrita, do *Adeus*.

A — Quer dizer que se atém a essas velhas réplicas?

B — Somente a algumas. Por exemplo, penso que minha discussão com van de Vate na coletânea de Duerr seja uma importante contribuição para a doutrina galileana. Depois, o que houve foram erros simplistas e infantis...

A — ...como?

B — Bem, Ernest Nagel escreveu que a inferência de arbitrariedade de um ou dois episódios históricos é um *non sequitur*. Verdade, mas irrelevante. O que quero dizer é que o procedimento científico, que não é arbitrário nem não-sistemático, torna-se quer um quer outro quando é julgado com os populares critérios racionalistas. Margolis acerta: o meu "anarquismo" não elimina a metodologia, mas a reforma simplesmente; em vez de "princípios", "pressuposições", "condições necessárias de cientificidade", colocam-se regras empíricas.

A — Ernest Nagel contribuiu para a sua *Festschrift*?

B — Não, mas seu reparo é típico. Outro reparo típico foi feito por C. G. Hempel. Por mim entrevistado para a televisão austríaca, respondeu que "qualquer coisa está bem" não pode constituir uma útil filosofia da ciência. Obviamente não; não tinha intenção alguma de substituir dogmas compridos, porém familiares, concernentes à ciência, por outros breves e não familiares. O meu escopo era, sobretudo, o de deixar falar a ciência por si própria e de não resumir sua mensagem numa teoria ou num sistema metodológico. Noam Chomsky atribuiu-me a tese segundo a qual qualquer que seja o ponto de vista, é tão bom quanto qualquer outro...

A — ...o seu relativismo...

B — O meu *assim chamado* relativismo: nem mesmo nos meus mais extravagantes caprichos relativísticos jamais fiz uma asserção assim — na realidade, eu o refutei em termos explícitos. Embora Chomsky assevere que "toda coisa está bem" (sua versão do meu "qualquer coisa está bem"), isso dificilmente pode ser de alguma ajuda no exercício do trabalho científico. Naturalmente não o é — nem são os princípios propostos pela filosofia da ciência: para desenvolver o trabalho científico cumpre mergulhar na situação da pesquisa; os meros *slogans*, sejam eles de estirpe racionalista ou de outra ainda mais desonrosa, são desencaminhadores e não pertinentes, especialmente quando sustentados por um sistema filosófico coerente. Martin Gardner, o *pit bull* do cientificismo moderno, torna-se ridículo já no título de seu artigo "Anticiência, o estranho caso de Paul Feyerabend" — anticiência? Lembre-se que aprecio o procedimento de Galileu e não recomendo seu uso na filosofia. Mas tudo isso é, sobretudo, enfadonho, sem nenhum valor filosófico ou de outro gênero, e eu deveria me aplicar uns trancos por haver desperdiçado tanto tempo com banalidades...

A — Pretende dizer que estes ensaios, aqui (*indica o embrulho*), contêm erros tão banais?

B — Alguns são ainda piores.

A — Quais?

B — Não tenho intenção de dizer-lhe.

A — E como explica esses entendimentos errôneos?

B — Por que deveria preocupar-me com a estupidez alheia?

A — E, no entanto, o senhor replicou-lhes detalhadamente, e não apenas uma vez, mas várias vezes...

B — ...Porque sou um idiota!

A — Pode-se pô-lo por escrito?

B — Com que fim? Não tenho intenção de negá-lo! Não sou daqueles que planejam acuradamente cada vírgula que escrevem e cada sopro de ar que exalam, de modo que a "história", isto é, os idiotas de amanhã possam admirar sua perfeição. Daí chegamos ao próximo ponto, a minha afirmação de que a maior parte, melhor direi, *todas* as formas do racionalismo, que não sejam puros bordados, entram em conflito com a prática científica. Elas não só oferecem mais de um quadro distorcido e não realístico da ciência, mas a embaraçariam seriamente toda vez que fossem usadas como condições limite da pesquisa.

A — Mas Popper, só para dar um exemplo, tem muitos cientistas de seu lado — até entre os vencedores do prêmio Nobel! Lorenz, Medawar, Eccles apreciam Popper por sua compreensão superior do procedimento científico. Bondi diz que tudo quanto ele — Bondi — escreveu sobre o método não é mais do que uma anotação ao método de Popper. Isso não significa nada?

B — Não. Bondi tem um machado especial para lapidar; sua teoria do estado estacionário achava-se em dificuldades, mas, apesar disso era, segundo Popper, pelo menos científica, pelo que o homem prestes a afogar-se estendeu-se para a frente, de modo absolutamente natural, em direção a esse frágil graveto. No que se refere aos outros — bem, durante a época do nazismo, muitos cientistas levantaram objeções à teoria da relatividade; dois laureados do prêmio Nobel, Lenard e Stark, criticaram-na como típico produto judaico. Esses cientistas, que ganharam como já foi dito o prêmio Nobel, são excelentes em seus campos restritos; mas não enxergam nada mais além de seu nariz quando de lá excluídos, e algo semelhante vale para muitos deles. Portanto, esqueçamo-nos dos *cientistas* que se encontram à volta de Popper e atentemos, ao invés, ao *argumento* a cujo respeito estamos discutindo: a relação entre a prática científica e o "racionalismo". Ora, creio que tudo quanto disse a propósito dessa relação em *Contra o Método* esteja essencialmente correto; de outro lado, a questão é agora explicada com maiores detalhes ou com melhores exemplos por uma nova geração de historiadores e de filósofos. Aqui (*indica uma página no ensaio de Marcello Pera*), veja o que escreve Pera nesta sinopse:

> Este trabalho visa resgatar a solução Whig para o problema do progresso científico. Com este fim, propomo-nos a definir expressões como "T2 assinala um progresso com respeito a T1", em termos de que "Os sustentadores de T2 alcançaram uma vitória sobre os sustentadores de T1" e cingimo-nos a definir a idéia "de uma vitória honesta *sem* (o grifo é meu) um árbitro imparcial".

A tese de Pera é que, enquanto a idéia dos critérios imparciais de racionalidade que se estendem completamente ao passado e ao futuro pode ser uma piedosa aspiração, existem modelos de argumentações que entraram na ciência e se gravaram nela, que modelos semelhantes foram examinados pela velha disciplina da retórica e que talvez seja possível expandir essa disciplina e torná-la mais útil para a pesquisa. Sobre isso estou de acordo e estaria de acordo há vinte anos, quando comecei a escrever *Contra o Método*. Depois, há livros como o de Peter Galison: *Como Terminaram os Experimentos*: Galison chama a atenção sobre a maneira como se modificou a pesquisa em largos setores da física durante os últimos cinqüenta anos: os indivíduos isolados que utilizavam instrumentos minúsculos foram substituídos por equipes de pesquisadores formadas por grande número de pessoas e que trabalham em centros de pesquisa (CERNE, Laboratório Nacional de Brookhaven etc.) com uma aparelhagem que lembra os grandes complexos industriais. Galison demole também a distinção entre o contexto da descoberta e o da justificação e demonstra que o racionalismo, independente da pesquisa, não tem pontos de engate com a prática científica. De particular interesse é sua tese de que o processo mediante o qual são resolvidas as disputas científicas tem muito em comum com os processos que antecedem a conclusão de uma tratativa política: há diferentes partidos dotados de informações, habilidades, ideologias diversas e diversos acessos àquilo que os partidos estariam prontos para aceitar como fatos "objetivos"; há indagações desenvolvidas em pequena equipe, há negociações por telefone, por carta, painéis, conferências; um grupo cede alguma coisa aqui, o outro alguma coisa lá, no debate entram os interesses nacionais, as questões financeiras, até que, finalmente, cada qual está "pronto a assinar", muito embora nem todos fiquem felizes. A retórica científica de Pera encontra aqui materiais maravilhosos, mas o mesmo vale para filosofias como a de Ian Hacking, ou para as idéias de Arthur Fine, Nancy Cartwright e outros. Arthur Fine e seus colegas opõem-se às "reconstruções" ou "interpretações" filosóficas da ciência e nos convidam a "tomar a ciência segundo os seus próprios termos", enquanto John Dupré argumenta a favor da "desunião da ciência", seja no plano histórico como no político.

A — Mas o senhor mesmo não levantou objeções às interpretações da ciência como se isso fosse uma coisa simples e coerente...

B — Sim, é verdade — e isto torna a abordagem de Fine e Dupré ainda melhor, porquanto demonstra que não temos o que fazer com um edifício acuradamente projetado e feito de cimento à prova de intempéries, mas que esteja num conjunto mal-combinado e caótico de casas acabadas pela metade, casebres de madeira podre circundadas por pântanos...

A (*lendo do* Contra o Método) — "muitos dos conflitos e das contradições que se encontram na ciência são devidos a esta heterogeneidade dos materiais, a essa 'irregularidade' do desenvolvimento histórico, como diria um marxista, e não possuem nenhum significado imediatamente teórico. Têm muito em comum com os problemas que aparecem quando uma central elétrica é vizinho necessário de uma catedral gótica...".

B — Eu disse isso?

A — Sim, aqui, na página 146.

B — Soa bem, mas justamente enquanto eu asseverava essa irregularidade, Dupré a demonstrava...

A — Desmentiu sua própria obra! O senhor demonstrou, e com pormenores, na medida em que posso me lembrar, a irregularidade em relação ao telescópio e à dinâmica de Galileu.

B — De verdade? Uhm. É bom ouvi-lo dizer. Devo também confessar que me sinto um pouco incomodado por aquele "tomar a ciência segundo seus próprios termos". Num certo sentido, isso está de acordo com minhas intenções. Mas, se "tomamos a ciência segundo seus próprios termos", por que não a religião? E se tomamos a religião segundo seus próprios termos, que finalidade tem a separação entre o Estado e a Igreja? Atrás dessa frase esconde-se uma pilha de problemas, mas isto não a impedirá de ser um novo início bom, até ótimo, após a obscura época poppero-positivista. Como quer que seja, a assim chamada "objetividade" da ciência e dos resultados científicos aparece agora numa luz completamente nova. Observando esses desenvolvimentos (não que o trabalho anterior de Holton, por exemplo, e, naturalmente, o magnífico livro de Thomas Kuhn, que põe fim a toda forma de positivismo), estou pronto a fechar a bodega para dedicar-me a outros argumentos. As coisas estão em boas mãos.

A — Quer dizer que *Contra o Método* teve esse efeito maravilhoso sobre filósofos, cientistas e historiadores?

B — Absolutamente não! Thomas Kuhn estudava a história quando eu estava ainda enredado nas especulações abstratas, não creio que Galison jamais haja dado uma olhada no meu livro — tinha coisa melhor a fazer; Pickering baseou-se nas propostas positivistas recebidas no âmbito de certas escolas de sociologia da ciência, Hacking leu *en passant* alguma coisa daquilo que escrevi, mas andou por seu próprio caminho. Não, a nova história e a nova filosofia da ciência — que, seja dito de passagem, parecem ser justamente aquelas que Ravetz não viu no seu ensaio de dez anos atrás — têm uma origem completamente diferente!

A — Então seu livro foi inútil e toda a confusão que provocou foi em vão?

B — Sem dúvida, é possível. Mas desconcertou alguns cérebros, e pode ser que haja acelerado o declínio de algumas idéias, no entanto já apodrecidas. De outra parte, a maioria dos cientistas e dos filósofos não tinha familiaridade com os autores e as idéias que eu mencionei. Pior ainda — os representantes da assim chamada ciência *soft* carecem de imaginação metodológica e, naturalmente, adoram as caricaturas simplistas que encontram nos livros de filosofia (razão pela qual os comentários de Arne Naess sobre ciência *soft* parecem um tanto demasiado otimistas). Daí ser possível que eu tenha tido ainda alguma utilidade como divulgador e propagandista. Ademais, tenho recebido cartas de cientistas do Terceiro Mundo que sofreram devido às tensões existentes entre as tradições de seus países e a força da ciência, destrutivas mas aparentemente inevitáveis; parece que, lendo meu livro, eles tenham relaxado um pouco. Mas, agora, deixo de bom grado a primeira linha da pesquisa que diz respeito à oposição entre a prática científica e o racionalismo filosófico aos escritores que mencionei, sobretudo porque estou demasiado preguiçoso para efetuar o árduo trabalho que seria requerido no caso: entrevistas, estudo de correspondência em diferentes coletâneas etc. etc.

A — E desse modo chegamos ao seu relativismo.

B — Sim, desse modo chegamos ao meu assim chamado relativismo.

A — O que significa o assim chamado? Quer, talvez, negar o fato de haver defendido o relativismo? Quer, talvez, negar que no seu escrito há muitas passagens relativistas? Quer de verdade afirmar que todos aqueles que foram encorajados por seus livros — e o senhor acaba de dizer que tais pessoas existem — enganaram-se e deveriam retornar à prisão do racionalismo ocidental?

B — Não, não, de modo algum! O engraçado é que a palavra "relativismo", como muitos termos filosóficos, é ambígua e, conquanto confesse ser um fervoroso relativista em algum sentido, certamente não o sou em outros. Além do mais, mudei de opinião.

A — Quando?

B — Desde que escrevi *Adeus à Razão*. E esse é o motivo ulterior pelo qual me é um pouco difícil replicar aos ensaios críticos que o senhor está trazendo à baila. Aqueles autores que chegaram a formar uma idéia coerente daquilo a que eu me dedicava, reportam-se ao Paul Feyerabend de 1970 ou de 1975, ou, quando muito, de

1987. Mas, agora, estamos em novembro de 1990. Tantas coisas mudaram, e as minhas opiniões mudaram com elas.

A — De que modo?

B — Por exemplo, eu critiquei os filósofos por refletirem à distância sobre coisas como a ciência, ou o bom senso ou as tradições não-ocidentais, todas elas coisas que requerem um envolvimento estreito para serem compreendidas e que são demasiado complexas para serem resumidas em alguns poucos slogans. Todavia, é exatamente o que fiz, quando sugeri que a todas as tradições devem ser concedidos direitos iguais e iguais oportunidades de chegar ao poder.

A — Eu observei em *Adeus à Razão* que o senhor restringiu a sugestão às "sociedades baseadas na liberdade e na democracia", ajuntando... (*tira fora outro livro de seu pacote e, depois de alguma procura, lê*) ...ajuntando "não favoreço a exportação da liberdade para regiões que passam muito bem sem ela". Em outras partes do livro há reservas similares. Ao que parece, o senhor também não favorece a proliferação, cujo novo papel, contudo, não me é totalmente claro. O senhor fala...

B — ...mas eu não exijo que os outros, inclusive os cientistas, a utilizem em suas tentativas de compreender o mundo. Quem sou eu para ditar leis aos outros? Eu digo somente que nenhuma idéia é jamais completamente desbaratada, e que o ponto de vista mais pisoteado pode encenar um retorno triunfal, *com a condição de que faça parte de uma empresa coletiva...*

A — Até Aristóteles?

B — Em especial Aristóteles. Leia Stent ou Prigogine ou Bohm! De outro lado, admito que a maioria das pessoas prefere, e o que é razoável, as riquezas presentes aos milagres futuros. Isso significa, por certo, que "fatos", "leis", "princípios" da ciência e, por esse motivo, de qualquer sistema de conhecimento, são resultado de decisões práticas, ou simplesmente de um certo modo de *viver* — *não* de intuições teóricas somente.

A — E o filósofo não tem voz nesse capítulo?

B — Na democracia todos têm voz nesse capítulo, mas nem todos serão ouvidos. Muitos filósofos acham-se tão afastados dos detalhes da pesquisa científica ou da ação política que os seus conselhos tornam-se exercícios de baixa literatura. A minha sugestão de que se deixe em paz as tradições é um ótimo exemplo. Agora compreendo como caí na armadilha. As tradições que detêm um poder militar ou econômico, ou aparentemente espiritual, amiúde esmagam os opositores mais débeis. Mais de uma vez, mas não sempre, as conseqüências são desastrosas. Ora, em vez de analisar e criticar os casos desastrosos e procurar os meios de preveni-los no futuro, isto é, em vez de ater-me ao particular, introduzi um princípio *geral*: abaixo os manes das tradições! O que não só era inútil, mas também bastante tolo, pois que as tradições por sua natureza mesma procuram transpor os próprios confins — e devem fazê-lo, se querem sobreviver.

A — Há ainda tribos isoladas! Justamente há pouco foi descoberta uma na selva brasileira!

B — É verdade — mas nem todas as tribos ou culturas são isoladas e, no entanto, eu as tratei como se fossem, e como se fosse uma coisa boa preservar sua inexistente pureza. Margarida von Brentano apontou o dedo precisamente para essas idiotices.

A — Isso significa que de agora em diante estará tudo bem?

B — Está brincando? Há ainda uma porção de coisas a dizer!

A — Então concorda que a filosofia possa dar uma contribuição!

B — Não, não, não, não! *Eu* tenho uma porção de coisas a dizer, eu, Paul Feyerabend, esta pessoa que está sentada diante de você e que não representa ninguém mais do que a si mesmo!

A — Mas o senhor é...

B — ...um filósofo? Pensava que já estivéssemos desembaraçados daquele erro.

A — Mas por que deveria alguém dar ouvidos a ela?

B — Por que deveria alguém dar ouvidos a outro qualquer? Ao que parece, o senhor acha que as palavras têm substância unicamente quando provêm de uma profissão. Os indivíduos isoladamente não contam.

A — Está bem, está bem, se tem vontade de brincar!

B — Não é uma brincadeira. "Ser filósofo" ou significa que nos aproximamos das coisas na qualidade de membros de um clube, ou trata-se de uma expressão vazia que pode ser aplicada a qualquer indivíduo, até a um cão. Declaro de bom grado ser um filósofo no segundo sentido, mas com certeza não o sou no primeiro. Ademais, nossa discussão não exige qualquer sofisma filosófico, sociológico ou histórico. Até o mais distraído entre os leitores de jornal ou entre os espectadores de programas de televisão já sabe que as tradições dificilmente são bem definidas. São embridadas em nível mundial em redes feitas de informações, comércio, relações públicas, sejam essas de tipo filosófico, político ou religioso. Pode acontecer que estejam disseminadas em áreas geográficas diferentes, circundadas de nações, tribos, comunidades que as ameaçam, que intercedem a seu favor, têm vantagens aliciadoras para oferecer, com freqüência incluem reformadores que renegam o passado e conservadores que se opõem às inovações. A situação chinesa nos séculos XVIII e XIX mostra de modo muito claro como podem emergir tradições diversas e ilustra a resistência escorvada do processo.

A — Então, falar das tradições como entidades separadas não tem mais sentido algum...

B — Assim pareceria — até se observa que há pessoas que não só querem preservar ou ressuscitar costumes, idéias, linguagens, modelos de comportamento que mostram uma certa coerência, mas que procuram também desemaranhar essa entidade coerente de suas condições ambientais. Os húngaros e o alemães na Romênia, os turcos na Bulgária, os muçulmanos em qualquer parte, os judeus conservadores, os lituanos, os albaneses, a minoria eslava na Áustria, os índios de origem nos Estados Unidos são exemplos. Aqui são os mesmos protagonistas a estabelecer as tradições e a definir seus limites. Ora, sugiro que as tradições constituídas desse modo *sejam consideradas como se tivessem valor intrínseco*. A sugestão não tem valor absoluto — não é um "princípio" — e não é a última palavra. Pode ocorrer que os eventos a reforcem e pode ocorrer que a suprimam. Pode ocorrer que as melhores intenções não dêem em nada, mas deveriam permanecer em primeiro plano e deveriam ser conservadas por quanto for humanamente possível.

A — Estou de acordo que os estrangeiros devam ser abordados com cautela e sem idéias preconcebidas, por exemplo, sobre o que se aplica ou não se aplica aos seres humanos. Cumpriria permitir aos novos encontros que mudassem nossas idéias sobre a humanidade. Eu acrescentaria, no entanto, que não se deveria seguir apenas os eventos, mas também pensar a seu respeito e tomar decisões.

B — Quando disse "eventos" pretendia incluir os pensamentos, os sentimentos e as decisões. Quero também mais daquilo que o senhor garantiu até agora: os modos de vida estrangeiros não deveriam somente ser tolerados, mas se deveria presumir que têm um valor intrínseco.

A — Não é algo pouco realista? Onde estão as pessoas que se comportariam dessa maneira rara e caritativa?

B — Justamente neste momento penso sobretudo nos políticos, nos cientistas, nos administradores que fornecem aos países estrangeiros "ajudas para o desenvolvimento". Eles têm à disposição informações sobre estruturas inteiras de governo, sabem como tais estruturas se ligam às ordenações locais, o que as pessoas pensam, estudaram hábitos, costumes, crenças locais, e assim por diante. Alguns se dão conta, por causa de uma série de desastres, que obrigar uma população que dispõe de recursos materiais e espirituais próprios a aceitar os métodos ocidentais nem sempre traz conseqüências benéficas. Daí até reconhecer que modos de vida aparentemente estranhos e não científicos possam ter méritos intrínsecos, o passo é curto. A minha sugestão generaliza a intuição...

A — Pensava que o senhor era contrário às generalizações!

B — Mas esta tem um fundamento nos fatos, parece benévola e está sujeita à prova da vida com ou dentro da tradição a que se atribuem méritos intrínsecos...

A — ...e essa prova pode induzir algum dos participantes a abandonar a sugestão...

B — ...e talvez até a aplicar a força no processo. E agora vem a minha segunda sugestão: uma ação semelhante...

A — ...o senhor pretende renunciar à primeira?

B — Sim; e o uso da força pode ser justificada somente se repassarmos o mais pormenorizadamente possível todos os elementos do encontro, as emoções, as esperanças, as desilusões, etc., etc. Ou, para empregar os termos gerais que, segundo parece, lhe agradam tanto: *a única justificativa para uma renúncia temporária à primeira sugestão é dada pelas experiências, pelos pensamentos, pelas intuições que nascem de um encontro reconciliado.* A meu ver, não há sentido e é absolutamente inútil condenar ou também atacar um movimento, uma cultura, uma idéia de longe, sem ter procurado conviver com isso, ou sem os estudos pormenorizados de quem está *in loco*.

A — Quer dizer que o senhor se opõem à condenação das atrocidades nazistas?

B — Sim, se, como tem sucedido, a condenação é pronunciada num espaço vazio com base em fatos superficiais e agigantados, e se é exigido por gente que não tem nenhum contato emotivo com os eventos e as vítimas. Uma "condenação moral" desse gênero é uma maldição despida de sentido, a exigência de repeti-la é uma imposição e qualquer ação empreendida em tal base é um crime. Parece que muitos dos assim chamados educadores da Alemanha hodierna não se aperceberam disso.

A — Condenar Auschwitz é uma maldição vazia?

B — Se a palavra não tiver alguma conexão com as experiências, os temores e os aspectos pessoais, sim. O passado não pode ser subjugado e não deveria ser julgado senão por aqueles que estão dispostos a entrar dentro dele.

A — Mas isso é impossível.

B — Para um filósofo ou para um historiador "objetivo". Mas um poeta, um romancista, um cineasta, tendo à disposição o material adequado, podem recriar a atmosfera, ele ou ela podem reviver o terror, a crueldade, não menos que o fascínio do tempo, e assim preparar o terreno para uma autêntica decisão moral...

A — O fascínio?

B — Sim, o fascínio; segundo o senhor, por que tantas pessoas seguiram Hitler? Eram todos idiotas ou demônios? Nesse caso, não se apresentaria nenhum problema moral. A idiotice e o mal absoluto encontram-se além da moralidade humana. Não, a prescindir do fascínio pelo mal mesmo que — penso eu — possa ser cultivado somente nos pequenos grupos, deve existir qualquer coisa de positivo a que as pessoas responderam, e o passado não pode ser superado sem individualizar-se esses elementos positivos.

A — Mas então o fascismo pode voltar...

B — Esse é um risco que se corre em qualquer parte onde as pessoas são tratadas como agentes livres. Aí, no preparo da eleição, as artes predominam sobre a filosofia, e por quê? Porque as artes, corretamente entendidas, procuram criar ou recriar o encaixe emotivo, ideológico, religioso de acontecimentos particulares...

A — Não parece ser esse o caso do teatro de hoje...

B — É verdade, Brecht era um gênio e um grande poeta, mas prestou um mau serviço ao teatro, propondo um ponto de vista que transforma a cena num laboratório sociológico. A sociologia é, já por si, bastante fraca. Corta os elementos pessoais e os substitui por esquemas vazios. Castrar o teatro do mesmo modo foi um crime. Não, o que eu quero é um teatro que arraste o espectador pela ação e o transforme de crítico objetivo em partícipe empenhado. No fim de contas, na vida ele se comporta como partícipe empenhado.

A — Vale dizer, o senhor quer, em primeiro lugar, que as pessoas cheguem a ser tão confusas quanto foram as que sustentaram o nazismo?

B — Peter Zadek fez isso em algumas de suas produções, especialmente em suas diversas variações do *Mercador de Veneza*. Mas não quero apenas que as pessoas sintam a confusão dos participantes, quero também que sintam o medo das vítimas...

A — ...o que é impossível!

B — É impossível fazê-lo ter medo pelas pessoas que ama?

A — Tenho medo toda vez que minha filha vai fazer um passeio. Esses são tempos loucos...

B — ...e aqui podemos começar. Naturalmente, o medo imaginário por nossos entes queridos não será jamais igual ao medo verdadeiro que foi sentido pelas vítimas do terror nazista. Como quer que seja, as vagas imagens do passado que surgem por analogia são bastante mais substanciais do que os pensamentos veiculados por uma abstrata argumentação ética. As argumentações têm poder — admito — mas incidem somente sobre uma pequena minoria e incidem sobre o cérebro, não sobre o coração, a menos que não se encontre a maneira de combinar razões e emoções...

A — Então, de que modo tudo isso se distancia do seu relativismo?

B — O meu relativismo — santo céu! É tudo o que o senhor sabe perguntar? Procuro compreender eventos extraordinários e cruéis; procuro descobrir o modo de compartilhar com outros essa compreensão e o senhor me pergunta sobre como classificar o que eu disse. É uma típica pergunta filosófica. Insensível, irrelevante, vazia. E o senhor se surpreende que eu nutra escasso amor pela filosofia. Uma empresa fútil...

A — ...na qual, no entanto, o senhor mesmo se empenhou.

B — Tem razão, e peço desculpas por meu repente que era mais contra mim mesmo do que contra o senhor. Bem, para responder a sua pergunta, agora refuto todas as doutrinas filosóficas, inclusive o relativismo que fornece uma definição ou uma teoria da verdade e/ou da realidade.

A — Mas o senhor defendeu precisamente um relativismo semelhante em *Adeus à Razão* — o senhor defendeu Protágoras!

B — Apenas para demonstrar que até essa forma antes simplista vai muito mais longe do que a pretensão oposta.

A — O senhor pensa, talvez, que Protágoras fosse um improvisador?

B — Não é absolutamente verdade! Ele foi o único filósofo que fez funcionar o relativismo filosófico. Expliquei isso no segundo capítulo da quarta seção do *Adeus à Razão*.

A — Surpreendente. O senhor se recorda de todas as seções de seu livro?

B — Absolutamente não — mas essa permaneceu de algum modo impressa em minha mente. Todavia, como todas as doutrinas filosóficas, as versões filosóficas do relativismo têm defeitos sérios. Num certo sentido é uma quimera, não é uma coisa real.

A — O que significa isso?

B — Bem, explicá-lo-ei assim. Hooker, aqui no seu artigo, procura "redefinir teoricamente a noção de razão". Essa é a expressão que ele usa. As velhas teorias da razão eram demasiado simples, novas teorias devem substituí-las. Mas a razão (se existe) é ou um *objeto* (por exemplo, um objeto de estudo) ou um *sujeito agente*. A natureza do objeto "razão" torna-se clara depois que o sujeito agente "razão" agiu. Uma teoria da razão, se tomada seriamente, restringe a possibilidade de ações da razão — torna-a conforme às imagens especulares de um de seus graus. E se a razão não se conforma? Então, diz o teórico, a teoria deve ser ajustada. Tudo parece estar no lugar — todas as teorias são constantemente adequadas aos fatos novos. Nesse caso, a adequação ocorre a cada volta da história, o que significa que temos uma teoria só de palavras; o que temos efetivamente é uma evolução, uma história. A Protágoras não desagradava dissolver a própria filosofia numa história, de fato ele nos diz exatamente como fazer. Mas esses filósofos modernos que desenvolvem teorias querem ter separadas as duas categorias, com o resultado de que uma das duas, a categoria "teoria" torna-se vazia: *não pode existir nenhuma teoria da razão.*

A — Não é possível que tal argumentação esteja correta! Aplicando-a ao conhecimento e à realidade, poder-se-ia igualmente dizer que não pode existir nenhuma teoria do conhecimento e nenhuma teoria da realidade.

B — Mas é precisamente o que estou dizendo!

A — Agora está ficando absurdo! Há tantas teorias do conhecimento. Algumas são melhores, outras não são tidas como igualmente boas. E assim é toda a ciência que tem trato com a realidade.

B — Admito que sejam histórias que pretendem ser teorias do conhecimento. Mas, em vez de descrever o processo de aquisição do conhecimento partindo do exterior, como deve proceder, supõe-se, qualquer boa teoria, fazem parte desse processo e têm um alcance sobretudo restrito. Quanto à possibilidade que encarem "toda a ciência", devo desiludi-lo dela. Ao que parece, o senhor presume que a ciência seja uma coisa só que fala com uma só voz. Nada poderia estar mais longe da verdade. Há um grande número de abordagens diferentes, espalhadas em toda parte, que produzem resultados contrastantes. Qual é o liame que conecta a teoria da elasticidade com a física de altas energias? Semelhante elo não existe e alguns cientistas, entre os quais o professor Truesdell, da Universidade John Hopkins, até negaram que possa existir ou que deva existir um liame desse gênero. A física clássica dos sólidos é apresentada como um caso limite da mecânica quântica, o que parece estabelecer uma espécie de unidade entre as duas abordagens. Esta é uma caricatura da situação real que é bem mais complexa e em nada clara. A teoria quântica parece negar a idéia de uma realidade que exista independentemente do pensamento e da ação do homem.

A — Mas como se explica o sucesso das ciências?

B — Essa é uma ótima pergunta, só que cria mais embaraços ao senhor do que a mim. O senhor gostaria de responder à pergunta dizendo que há uma realidade que é gradualmente descoberta. A minha argumentação precedente e as dificuldades da teoria quântica demonstram que essa resposta não pode ser correta...

A — Um momento — como o senhor aplica sua argumentação, que considerava a razão, à realidade?

B — A realidade, como a razão, é um objeto de pesquisa, mas é também um sujeito agente da pesquisa.

A — Como é possível que a realidade seja um sujeito agente da pesquisa?

B — Bem, quais são os elementos da pesquisa? As pessoas, os grupos de pessoas, os instrumentos e assim por diante — e tudo é real, não é verdade? Ou o senhor imagina que as pessoas com suas idéias se alçam, como os deuses, sobre uma realidade da qual não tomam parte? Qualquer biólogo molecular levantaria objeções a um semelhante ponto de vista. Uma vez aceita essa premissa, a conclusão é conseqüente, como no caso da razão. Naturalmente, devemos ainda explicar o sucesso das ciências, mas a explicação agora é muito mais complexa do que seria simplesmente referi-la a uma realidade estável. O estereótipo "teoria" aqui não nos ajuda mais, o estereótipo "história", sim.

A — E por "história" o senhor entende uma sinopse histórica?

B —   Sim, mas não uma sinopse como entendem aqueles historiadores que vão em busca de estatísticas e de estruturas.

A —   O senhor refuta a história científica?

B —   Ela vai muito bem como nota de pé de página, mas não consegue tratar os acontecimentos singulares. No âmbito de tais eventos não pode existir nenhuma teoria.

A —   O senhor não estará talvez hipostasiando os eventos singulares?

B —   Certamente não. Eu olho a história como um empirista e acho que as ações dos indivíduos empiricamente identificáveis forçam sempre até os esquemas teóricos mais delicados, a menos que o esquema seja vago e indefinido, como os propostos por Prigogine, Varela, Jantsch, Thomas e outros.

A —   São teorias altamente sofisticadas...

B —   Por certo, mas sua aplicação à história efetua-se sempre após o evento, o que significa que também elas contam histórias, só que se trata de histórias rodeadas por um jargão inútil e desencaminhador.

A —   De modo que o senhor usa uma teoria, o empirismo, para vencer uma outra.

B —   O empirismo não é apenas uma teoria, é também uma prática e, além disso, aqui estamos empenhados num debate, não na pesquisa de fundamentos. Tudo isso significa, naturalmente, que o relativismo é uma quimera, exatamente como seu gêmeo litigioso, o absolutismo ou o objetivismo.

A —   E são o objetivismo e o relativismo "gêmeos litigiosos"?

B —   Sim, e Hans Peter Duerr já identificou sua linhagem comum. Ambos presumem que coisas como a ciência, a magia ou "a visão do mundo dos dogões" (agricultores do Mali) estão bem definidas e permanecem no interior dos limites estabelecidos da tradição. Os objetivistas *universalizam* as leis vigentes nos limites de sua matéria preferida, enquanto os relativistas insistem na *validade restrita* das leis, *no interior* dos mesmos limites. Mas, como procurei mostrar em *Contra o Método* e *A Ciência em uma Sociedade Livre*, não existe nenhuma definição de ciência que se estenda a todos os desenvolvimentos possíveis, e não há qualquer forma de vida que não possa absorver radicalmente situações novas. Os conceitos, especialmente os "que estão na base" das concepções do mundo, não são jamais fixados solidamente como se estivessem encravados; são mal definidos, ambíguos, oscilam entre interpretações "incomensuráveis" e devem sê-lo, se é que as mudanças (conceituais) devam ser possíveis. De modo que, num certo sentido, quer os erros do relativismo filosófico, quer os do objetivismo, remontam à idéia platônica de que os conceitos são estáveis e inerentemente claros, e que o conhecimento conduz da ilusão até a penetração dessa clareza. Como quer que seja, agora estou de acordo com Munevar que a ciência precisa conservar seu papel excepcional no Ocidente, na medida em que é a mais adaptada a essa situação. O Ocidente está coberto de excrementos da ciência, logo, naturalmente, necessita dos cientistas para relustrar-se. Porém, quero acrescentar que há outros modos de viver neste mundo. As pessoas intervieram no mundo de múltiplos modos diversos, em parte fisicamente, interferindo de fato nele, em parte conceitualmente, inventando as linguagens e criando no interior delas inferências. Algumas ações encontraram resposta, outras nunca decolaram. Na minha opinião, isso sugere que há uma realidade e que ela é muito mais útil do que tudo quanto presume a maior parte dos objetivistas. Diversas formas de vida e de conhecimento são possíveis porque a realidade permite isso e até o encoraja, e não porque "verdade" e "realidade" sejam noções relativas.

A — A propósito, vem-me à mente que sua concepção tem muita coisa em comum com o desconstrutivismo — o senhor concorda?

B — Bem, devo confessar que me dá muito trabalho compreender os escritos dos desconstrutivistas. São complicados, cheios de termos técnicos e muito mais complexos do que as coisas que pretendem destruir. Mas há algumas idéias antes banais que, no entanto, têm um significado. Por exemplo, ao que parece, dizem que não se pode fixar alguma coisa por meio de um texto. Acerca disso estou de acordo, de todo o coração. À primeira vista, um texto, por exemplo uma inserção que anuncia uma venda de cães, parece maravilhosamente definido, mas se se começa a colocar qualquer exigência a precisão se dissolve. Parece, também, que os desconstrutivistas dizem que muitos textos contêm um mecanismo que os faz saltar no ar. Também a esse respeito estou de acordo. Procurando interpretar, mediante idéias definidas e estabelecidas na mente, um artigo científico que sugira uma nova abordagem, a gente acaba, muitas vezes, em confusão. É preciso permitir que o artigo, por assim dizer, leve pelo nariz. Tal é o motivo pelo qual as comunidades científicas são tão importantes — permitem aos cientistas seguir a mesma direção. Depois, ao que parece, os desconstrutivistas sugerem que os textos filosóficos, lidos literalmente, revelam-se, às vezes, *nonsense* completos. Austin, da Universidade de Oxford, cujas aulas freqüentei, era um mestre nesse método de desmascarar idéias filosóficas aparentemente profundas. De outra parte, fico apavorado com os perigos da desconstrução quando são muito profissionais. Por essa razão eu falava de uma realidade que permanece desconhecida, mas se manifesta de vários modos quando é adequadamente abordada. Naturalmente, essa não é uma teoria no velho sentido, quando muito é uma imagem, mas não é de todo incompreensível e guia o pensamento numa certa direção.

A — Posso sugerir uma coisa?

B — Que coisa?

A — Por que não denomina "cosmológico" o relativismo expresso nessa nova forma, e relativismo "semântico" àquele que o senhor refuta?

B — Por que é que *você* não o denomina desse modo? É você que acredita nas "posições" e nos correspondentes palavrões. Mas, para continuar com nossa história, nós não temos jamais uma visão completa da realidade, nem sequer aproximada, porquanto isso significaria ter levado a termo todos os possíveis experimentos, vale dizer, conhecer a história do mundo antes que tenha chegado ao fim.

A — Isso lembra o pseudo-Dionísio ou Meister Eckart, ou alguma concepção religiosa igualmente mística.

B — Lembra também a boa física. Seja como for, essas coisas são todas novas, ao menos para mim, e por esse motivo as velhas argumentações a meu favor, contra ou sobre mim, inclusive aquelas que mostram sinais de vida inteligente, estão um pouco fora do alvo.

A — Churchland não disse nada de novo também nesse velho campo?

B — Tem razão, sou-lhe grato por me ter lembrado disso. Li o seu ensaio e sua posição me pareceu substancialmente estar de acordo com aquilo que digo num artigo publicado há pouco no *Journal of Philosphy*. Naturalmente há diferenças. Churchland procede de modo sistemático lá onde eu uso exemplos; ele entra nos pormenores, enquanto minha apresentação é antes sistemática; ele fala do cérebro, ao passo que eu falo do mundo. Mas o cérebro e o mundo, na realidade, não constituem coisas separadas — o mundo é uma projeção do cérebro, que é uma parte do mundo. Poder-se-ia dizer que Churchland e eu tivemos de nos haver com o mesmo problema, mas enquanto ele o enfrenta do "interior para o exterior", eu o enfrento do "exterior para o interior". A "irreconhecibilidade fundamental do mundo como inteiro" tem agora perfeitamente sentido: à totalidade cérebro-mundo faltam os recursos que seriam necessários para reconhecer-se. E devo aceitar as teses que Churchland compendia do meu trabalho precedente? Sim, eu as aceito todas (a 4ª e a 5ª contêm requisitos que, de início, eu não havia inserido, mas que agora considero importantes), com a possível exceção da 2ª: pode ocorrer que a essência do bom senso possa ser *suplantada* pelo materialismo (no sentido de Churchland), mas nem por isso o primeiro há de ser *pior* que o segundo. No concernente aos demais autores do seu pacote, porém, pensei que seria melhor exprimir o meu apreço e os meus agradecimentos em termos gerais, e apresentar minhas idéias tais como são hoje, mais ou menos.

A — A sua filosofia, em suma.

B — A minha "filosofia", se realmente deve usar essa maldita palavra; também imagino que o professor Deloria, o qual há tempo me pediu para desenvolver uma metafísica minha, ficará agora um pouco mais feliz.

A — Também o professor Hooker ficará um pouco mais feliz.

B — Por quê?

A — Ele escreve (*citando a partir do manuscrito*) que "as pessoas dotadas de razão têm o direito de pedir uma súmula positiva que vá substituir aquilo que foi refutado".

B — As pessoas dotadas de razão?

A — As pessoas dotadas de razão.

B — Os físicos são pessoas dotadas de razão?

A — O que está pretendendo dizer?

B — Bem, segundo parece, Hooker diz que, enquanto eu refutei muitas asserções que foram caras a gerações de filósofos...

A — ...filósofos da ciência. Ele diz que o senhor primeiro refutou os fatos, depois os métodos, e que agora refuta as razões...

B — E ele quer que eu substitua esses monstros por um outro monstro produzido por mim. Mas essa é uma solicitação absurda! Um mundo sem monstros é melhor do que aquele no qual os há; as "pessoas dotadas de razão" festejarão sua partida, e esperamos que nenhum outro do mesmo gênero se apresente nunca mais...

A — Pretende dizer que um mundo sem princípios filosóficos gerais é melhor do que um mundo que os tem?

B — Precisamente! Lembre-se da minha argumentação de há pouco: não pode haver uma teoria da razão, do conhecimento, da realidade — por quê? Porque a razão é constituída de ações que não podem ser previstas, a menos que sejam limitadas por medidas totalitárias. As "pessoas dotadas de razão" que Hooker teria em mente são pensadores que se aproveitariam do totalitarismo. Bem, eu não sou um deles. E, se o senhor não crê na minha argumentação abstrata, dê uma olhada na história da ciência: as "pessoas dotadas de razão" que a construíram, violaram constantemente os preceitos introduzidos pelas "pessoas dotadas de razão" que procuravam dar-lhe uma explicação teórica.

A — Bem, todos esses protestos não têm nenhuma importância, visto que o senhor apenas ofereceu o "apanhado positivo", o "monstro" que Hooker está procurando...

B — ...e que implica um mundo que não pode ser apreendido por nenhuma teoria...

A — E a cosmologia moderna?

B — Deixa fora os deuses de Homero, deixa fora Cristo...

A — ...ilusões...

B — Não, são respostas que determinaram a natureza de épocas inteiras — leia, a propósito, o artigo que mencionei há poucos minutos! As respostas limitadas a procedimentos limitados dos nossos materialistas modernos parecem universais somente porque às alternativas falta agora o suporte, especialmente o suporte financeiro.

A — O senhor deve me desculpar, mas nesse ponto estou confuso de novo — o senhor agora é um relativista? Deixou de ser um relativista?

B — Bem, em *Contra o Método* e *A Ciência em uma Sociedade Livre* eu afirmava que a ciência era uma das muitas formas de conhecimento, o que pode significar ao menos duas coisas. A primeira: há uma realidade que encoraja múltiplas aproximações, entre as quais a ciência. A segunda: conhecimento e verdade são noções relativas. Em *A ciência em uma Sociedade Livre*, de tempo em tempo eu combino as duas versões; em *Adeus à Razão* eu utilizo a primeira e refuto a segunda. E é o que ainda faço e forneci minhas razões. Aceitar a primeira versão (aquela que o senhor chamou de relativismo cosmológico) comporta conseqüências práticas. Antes de tentar impor soluções "científicas" é preciso estudar as outras culturas. (Isso corresponde a minha sugestão de considerar todas as tradições dotadas de valores intrínsecos.) Repare, eu não falo mais, como fazia na minha fase pluralista, que as práticas e as teses pouco conhecidas deveriam ser estudadas e desenvolvidas, *independentemente daquilo que são*, ou que cumpriria deixá-las imutáveis. Deveriam, sim, ser estudadas, mas somente quando as alternativas resultassem estéreis ou antes de se introduzir procedimentos científicos numa área que até aquele momento estava indo muito bem. E deveriam ser mudadas se o estudo mostrasse serem elas vantajosas. Nesse ponto, intrusos poderosos poderiam decidir-se a não fazer tantos cumprimentos e a fazer valer os próprios métodos. Uma tal intervenção parece requerida, por exemplo, no caso de uma moléstia cuja natureza não pode ser explicada com a velocidade que parece necessária, ou no caso de catástrofes ecológicas (pode acontecer que, um belo dia, os exércitos ocidentais decidam acabar com o incêndio das florestas tropicais e, ao mesmo tempo, pode acontecer que terroristas resolvam agir contra fábricas poluentes dos Estados Unidos: a vida dos animais, das árvores, de nossas crianças é demasiado preciosa para ser deixada ao acaso do debate democrático). Minhas sugestões não excluem procedimentos desse gênero — não são "princípios". O que efetivamente eu excluo são quaisquer justificações com base em "leis morais objetivas". O juízo conclusivo é um juízo histórico — as futuras gerações, utilizando suas intuições, distribuirão louvores e censuras, como lhes parecerá oportuno. Tudo isso concorda com as tendências pluralistas conhecidas pelas ciências pertinentes e com a idéia de complementaridade. Podemos até afirmar que os estudiosos do "desenvolvimento" — que aconselham os governos a preferir medidas locais de sucesso seguro aos usos conflitantes no âmbito da ciência ocidental — são excelentes cientistas, e também que o relativismo cosmológico é uma parte natural da ciência não-dogmática. Assim, mais uma vez, os meus escritos foram superados pelas mudanças práticas, e eu de novo dou as boas-vindas ao desenvolvimento como saúdo a todos os resultados da pesquisa concreta.

A — A *todos* os resultados?

B — Bem, a todos os resultados que não põem em perigo as relações humanas importantes. Havíamos falado disso antes.

A — Mas como fará para decidir a questão? Como é possível que alguém decida a questão?

B — Como? Bem, caberá a mim pessoalmente decidir a questão, segundo o estado de maturidade ou idiotice em que eu me encontrar naquele momento particular. De que outro modo? O mesmo vale para as pessoas que estão ao meu redor. Um Estado ou um país basearão sua decisão em leis vigentes. Nas repúblicas e nos países democráticos, por iniciativa dos cidadãos, por seus votos, etc; em áreas reguladas mais rigidamente, procurar-se-á dar ouvido logo ao rei ou a qualquer outro chefe. O cidadão de um país no qual as leis estão em conflito com suas convicções pessoais pode fazer uma porção de coisas. Pode emigrar, pode remanescer, aceitar um encargo público e tentar salvar o possível sem causar danos. Se li corretamente minhas fontes, foi o que fez Gustaf Gruendgens e Wilhelm Furtwaengler, na

Alemanha — se bem que ainda restam muitas perguntas sem resposta. Pode-se tentar mudar as coisas de modo pacífico, como o fizeram na China estudantes e trabalhadores. A gente pode, também, tornar-se terrorista (Stauffenberg, que tentou matar Hitler, era um terrorista, embora tenha falhado, infelizmente). Sua pergunta presume uma autoridade externa. "Como decidirá a questão?" significa "A quem perguntar?" ou "Qual o método que utilizará?" ou "A que princípios fará referência?". Naturalmente, há muitas pessoas que reconhecem a autoridade externa, mas eu não sou uma delas. Minha única autoridade em situações tão difíceis é minha limitadíssima experiência e o meu amor por pessoas particulares, pela minha mulher, por meus amigos íntimos, e o meu único guia é o desejo de não permitir que sucedam coisas que poderiam causar-lhes dor...

A — ...uma atitude muito sugestiva e egocêntrica.

B — Seria, se terminasse aí, mas não é. Esse é um ponto de partida. De fato, se o meu amor por essa pessoa é bastante forte, será capaz de incluir tudo e, em última análise, todas as coisas viventes.

A — Também Hitler?

B — Certamente, também ele. O problema relativo a Hitler não equivale àquele em que se pergunta como uma rocha ou um vampiro podem provocar a morte de tantas pessoas, mas antes se se pergunta como pode um ser humano como o meu melhor amigo executar uma ação do gênero. Leia *Erinnerungen* ("Memórias") de Albert Speer e pense em Ingmar Bergmann, que conta ter-se apaixonado por Hitler depois de um discurso do qual foi testemunha quando, como estudante, esteve na Alemanha. Tenha grande desconfiança do espírito humanitário abstrato que parte de uma *idéia* e procura comprimir dentro dela o mundo. Suspeito também das declarações sintéticas de horror realizadas pelos fautores de tais idéias. Uma idéia de humanidade que não esteja fundada sobre sólidas relações pessoais produz retórica vazia, que pode ser combinada com as ações mais atrozes. Ou, como escrevi em *Adeus à Razão*: "A maior parte das misérias de nosso mundo, guerras, destruições de mentes e de corpos, carnificinas sem fim, não são causadas por indivíduos malvados, mas por pessoas que objetivaram seu desejo ou suas inclinações pessoais, tornando-as, assim, desumanas". As ações dos fundamentalistas islâmicos, hoje em dia, e a dos cristãos antes deles, o demonstram mui claramente.

A — Mas o senhor não vê quantos assassinatos foram perpetrados para preservar as relações pessoais e/ou tribais? O amor por uma pessoa significa ódio por uma outra que a põe em perigo ou que parece pô-la...

B — O perigo imediato não é um problema — certamente matarei para proteger os meus amigos de uma ameaça *imediata* e *real* a sua vida ou ao seu bem-estar. O problema está nos perigos *imaginários*, e isso demonstra que o amor por uma pessoa particular, embora seja um ponto de partida, não é suficiente; seria assim generalizado, mas generalizado de uma maneira racional.

A — Um casamento entre o amor e a lógica?

B — Qualquer coisa do gênero.

A — Não sei o que dizer, mas seguramente não foi a estrada trilhada quando escreveu seus ensaios relativistas mais agressivos.

B — Não é divertido ser relativista quando os slogans relativistas encontram-se nos banheiros de qualquer universidade... (*levantando-se*) — bem, está na hora de voltar pra casa; esta noite na TV francesa vai passar o filme *Anatomia de um Assassínio*, e eu não gostaria de perdê-lo.

A — Não podemos esperar mais um pouco? Disse a minha assistente que eu o procuraria neste bosque e que ela trouxesse os outros ensaios eventualmente recebidos.

B — A sua assistente? Uma moça? O senhor tem uma assistente?

A (*ruborizando-se*) — Sim.

B — Como se chama?

A (*ruborizando-se ainda mais*) — Peggy.

B — Peggy, eh, e você é um homem casado!

A — Não é o que o senhor está pensando...

B — Muito bem. Confio na sua palavra. Quanto tempo deveremos esperar?

A — Uns dez minutos, um quarto de hora...

B — Bem, o dia já está mesmo perdido, tanto faz perdê-lo de todo.

A — Não lhe agrada falar de seu trabalho?

B — Não.

A — Não quer tornar-se famoso?

B — Tudo menos isso; ser famoso significa ser transformado no monstro Frankestein da imaginação de qualquer outra pessoa — coisa que, sinceramente, detesto. De mais a mais, tenho a minha *privacy*, isto é, minha privacidade.

A — Bem, logo ficará livre de mim.

B (*acalmando-se, com ar resignado*) — ...esperando Peggy. Talvez tenhamos de esperar para sempre...

(*Silêncio*).

(*A paz retorna ao bosque*).

Posfácio

É voz corrente que, enquanto é possível examinar livremente idéias ou sistemas de idéias em cartas, telefonemas, conversas durante a ceia, a forma conveniente para explicar sua estrutura, suas implicações e as razões pelas quais devem ser aceitas é o ensaio ou o livro. O ensaio (o livro) tem começo, meio e fim. Há uma exposição, um desenvolvimento e um resultado. Depois do quê a idéia (o sistema) fica tão clara e bem definida quanto uma borboleta morta na vitrina de um colecionador.

Mas as idéias, como as borboletas, não subsistem e basta; desenvolvem-se, entram em relações com outras idéias e produzem seus efeitos. Toda a história da física esteve ligada ao pressuposto, formulado pela primeira vez por Parmênides, de que algumas coisas não são afetadas pela mudança. O pressuposto foi logo transformado: a conservação acabou sendo transferida para longe da conservação do Ser. O fim de um ensaio ou de um livro, ainda que seja formulado como um fim, não é, na realidade, um fim, mas um ponto de transição que recebeu uma importância indevida. Como uma tragédia clássica, erige barreiras onde não há barreiras.

Os historiadores modernos (da ciência e de outras matérias) encontraram defeitos suplementares. A ordem da descrição num artigo científico tem pouco a ver com a ordem da descoberta, e alguns dos elementos singulares revelam ser quimeras. Isso não significa que os escritores sejam mentirosos. Sendo forçados por um modelo especial, sua memória muda e fornece as informações necessárias (porém fictícias).

Mas existem áreas onde o artigo ou a publicação de uma pesquisa, especialmente o manual, perderam muito de sua antiga influência. A razão deve-se ao fato de que o enorme número de pesquisadores e a maré montante de resultados produzidos pela pesquisa aumentou a taxa de mudança em tal medida que uma publicação é, às vezes, já obsoleta quando vem à luz. A primeira linha da pesquisa é definida por conferências, cartas ao editor (cf. as *Physical Review Letters*), fax. As publicações e os manuais não só ficam atrás, como não podem sequer ser compreendidas sem essas formas de discurso às vezes informes.

Os filósofos vangloriam-se de ter conseguido achar princípios claros atrás da confusão mais estapafúrdia. O "mundo do bom senso grego" (admitindo-se que esse fosse o único mundo do gênero) era, de fato, complicado na época em que Parmênides escreveu. Isso não o impediu de postular e até de provar que a realidade era variada, simples e conquistável pelo pensamento. A filosofia moderna, embora menos confiante a esse respeito, inclui ainda a idéia de estruturas claras por trás de eventos complexos. Alguns filósofos (mas também sociólogos e poetas) firmam assim os textos de importância; procuram os ingredientes que podem fazer parte de uma estrutura logicamente aceitável e depois usam essa estrutura para julgar o restante.

A tentativa está destinada ao fracasso. Em primeiro lugar, porque nas ciências, que são importantes portadores do conhecimento, não há nenhuma contrapartida. Em segundo, porque não há nenhuma contrapartida na "vida". A vida parece suficientemente clara enquanto é rotina, ou seja, enquanto as pessoas permanecem dóceis, lêem os textos de maneira convencional e não são provocadas de forma radical. A clareza se dissolve e aparecem idéias, percepções e sentimentos estranhos, apenas a rotina se despedaça. Historiadores, poetas e cineastas descreveram eventos do gênero. Um exemplo: Pirandello. Comparadas a essas obras, os ensaios de caráter lógico parecem partilhar da irrealidade de um romance de Barbara Cartland. São invenções, mas invenções de um gênero pouco inspirado.

Platão pensava que o abismo entre as idéias e a vida pudesse ser atravessado pela ponte do diálogo — não com o diálogo escrito, que para ele era apenas uma síntese superficial de eventos passados, mas com uma troca real, oral, entre pessoas provenientes de ambientes diversos.

Concordo que um diálogo é mais revelador do que um artigo. Pode fornecer argumentações, pode mostrar os efeitos das argumentações sobre profanos e sobre especialistas pertencentes a diferentes escolas, torna explícita o caráter vago das conclusões que um ensaio ou um livro procuram esconder e, o que mais conta, pode demonstrar a natureza quimérica daquilo que nós acreditamos ser a parte mais sólida da nossa vida. A desvantagem consiste no fato de que tudo isso acontece no papel e não nas ações consumadas por pessoas vivas diante de nossos olhos. Ainda uma vez somos convidados a empenhar-nos num gênero de atividade asséptica ou, para utilizar outra palavra, somos ainda simplesmente convidados a pensar. Estamos mais uma vez muito longe das batalhas entre pensamentos, percepções e emoções que realmente forjam nossa vida, inclusive o conhecimento "puro". Os gregos tinham uma instituição que criava as necessárias ocasiões do confronto — o drama. Platão o refutou e assim deu seu próprio contributo àquela logomania que tem um efeito deletério sobre tantas partes da nossa cultura.

Os diálogos recolhidos neste livro são imperfeitos sob muitos aspectos, o que é verdade especialmente para o segundo. Trata-se de minha réplica a uma variedade de escritos recolhidos para uma *Festschrift* em minha (des)honra. A maior parte dos ensaios tem a ver com um livro que escrevi em 1970, publicado em 1975, e que, no que me diz respeito, é agora água passada. Além disso, os artigos me atribuem uma doutrina (sobre o conhecimento e sobre o método), ao passo que minha opinião era, e é ainda agora, que nem o conhecimento nem a realidade podem ser aprisionados ou regulados por um resumo geral ou por uma teoria (as teorias científicas não são aquilo que os filósofos de inclinações realistas creiam que sejam). O segundo diálogo tenta explicar essa situação um pouco complicada. O primeiro reflete a situação do meu seminário em Berkeley; o doutor Cole tem pouco a ver comigo, mas algumas personagens (não identificáveis pelo nome) constituem uma homenagem a alguns alunos maravilhosos que tive.

Os diálogos são filosóficos num sentido muito genérico e não técnico. Poderiam até ser chamados desconstrutivistas, se bem que o meu guia tenha sido Nestroy (que foi lido por Karl Kraus) e não Derrida. Quando fui entrevistado pelo diário italiano *A Repubblica* fizeram-me a seguinte pergunta: "O que o senhor pensa dos atuais desenvolvimentos na

Europa Oriental e o que a filosofia tem a dizer sobre esses seus argumentos?" Minha resposta talvez explicará um pouco melhor minha atitude.

Estas são duas perguntas inteiramente diversas — eu disse. A primeira é dirigida a uma ser humano vivo e mais ou menos adequadamente pensante, com seus sentimentos, seus preconceitos, suas necessidades, isto é, a mim. A segunda é dirigida a algo que não existe, a um monstro abstrato, à "filosofia". A filosofia é ainda a menos unitária das ciências. Existem escolas filosóficas que se conhecem pouco entre elas ou se combatem ou se desprezam reciprocamente. Algumas dessas escolas, a do empirismo lógico, por exemplo, não enfrentaram quase nunca os problemas que surgem agora; além disso, não ficariam demasiado felizes de encorajar os sentimentos religiosos que têm acompanhado tais desenvolvimentos (em alguns países da América do Sul, a religião está na primeira linha na batalha pela libertação). Outras, por exemplo os hegelianos, traçam longos romances para descrever os eventos dramáticos e sem dúvida começaram a cantá-los — ninguém sabe com que resultados. Além do mais, apenas raramente existe uma estreita relação entre a filosofia de uma pessoa e o seu comportamento político. Frege foi um pensador agudo sobre as questões de lógica e sobre os fundamentos da matemática, mas a política que comparece em seus diários é do tipo mais primitivo. E é exatamente essa a desgraça; acontecimentos como aqueles que sucedem agora na Europa do Leste e, notoriamente, em outras partes do globo e, de um modo mais geral, todos os eventos que envolvem os seres humanos, eludem os esquemas intelectuais — cada um de nós é chamado, *individualmente*, a reagir e quiçá a tomar uma posição. Se a pessoa que reage é humana, afetuosa, não egoísta, então pode ocorrer que o conhecimento da história, da filosofia, da política e até da física (Sakharov!) sejam úteis, porque ele ou ela podem aplicá-los de um modo humano. Digo "pode ocorrer", porque há excelentes pessoas que se apaixonaram por filosofias abomináveis e explicaram suas ações de maneira desencaminhante e perigosa. Czeslaw Milosz é um exemplo e o discuti em *Adeus à Razão*. Fang Lizhi, o astrofísico e dissidente chinês é outro. Ele procura justificar sua luta pela liberdade, fazendo referência aos direitos universais que "não consideram raça, língua, religião e outras convicções". O universo físico — diz ele — obedece a um "princípio cosmológico"; nele, todo lugar e direção equivalem a todo outro lugar e direção; a mesma coisa — diz ele — deveria aplicar-se ao universo moral. Essa é ainda a velha tendência universalizante e que vemos claramente aonde leva. De fato, se "não consideramos" as características raciais de um rosto, se não fazemos caso do ritmo de sons que fluem de sua boca, se eliminamos os gestos particulares e culturalmente determinados que acompanham o discurso, então não temos mais um ser humano vivo, temos um monstro, que está morto, não livre. Além disso, o que tem a ver o universo físico com a moralidade? Suponhamos, como os gnósticos, que ele seja uma prisão, deveremos, então, adaptar nossos comportamentos morais a suas características carcerárias? É verdade que hoje o gnosticismo não é popular, mas as descobertas mais recentes indicam que cedo também o "princípio cosmológico" poderia ser um assunto pertencente ao passado. Deveremos mudar nossos comportamentos morais quando isso ocorrer? Apenas raramente uma filosofia sensível encontra uma pessoa sensível que a usa então de um modo humano. Vaclav Havel constitui um exemplo e demonstra claramente que não é a filosofia que deve ser estimulada pelo evoluir das coisas, porém cada pessoa individualmente. De fato, repetindo-me, a "filosofia" entendida como âmbito de atividade bem determinado e homogêneo existe tão pouco quanto a "ciência". Há as palavras, há também os conceitos, mas a existência humana não revela traço das fronteiras implícitas nos conceitos.

Cronologia Resumida da Vida e da Obra de Paul Feyerabend

1924 — Nasceu em Viena.
1942-45 — Serve o exército alemão, tendo sido condecorado com a Cruz de Ferro.
1945 — Ferido gravemente na espinha, pelos russos, durante a retirada das tropas nazistas no Leste.
1946 — Filia-se à Associação pela Reforma Democrática da Alemanha e recebeu uma bolsa para estudar canto e cenotécnica em Weimar.
1947 — Retorna a Viena e ingressa na universidade para estudar história e sociologia, mas acaba optando pela física. Neste mesmo ano publica um artigo onde defende posições que são de um positivismo extremado.
1948 — Visita o Seminário Alpbach, na Áustria, onde conhece Karl Popper. Casa-se com Edeltrud, embora o seu ferimento de guerra o tenha deixado impotente.
1949 — Participa do Círculo Kraft de estudantes de filosofia, centrado na figura de Viktor Kraft, orientador e mentor da primeira dissertação de Feyerabend. Nas discussões travadas neste grupo, impôs-se pela qualidade intelectual e poder de liderança. Neste período, encontra Berthold Brecht e Ludwig Wittgenstein.
1951 — Defende o doutorado e pleiteia uma bolsa para prosseguir nos estudos em Cambridge, sob a direção de Wittgenstein, o qual, no

entanto, faleceu antes da chegada de Feyerabend a Londres. Diante deste fato, procura Popper, que passa a ser o seu supervisor. Durante este período, dedica-se à mecânica quântica e à filosofia de Wittgenstein.

1953 — Retorna a Viena e traduz para o alemão *A Sociedade Aberta e seus Inimigos*, de K. Popper.

1954 — Publica seus primeiros trabalhos acerca da mecânica quântica, além de artigos filosóficos sobre as idéias de Wittgenstein.

1955 — Aceita o cargo de professor-conferencista na Universidade de Bristol, Inglaterra, e escreve para *The Philosophical Review* uma resenha sobre as *Investigações Filosóficas* de Wittgenstein.

1956 — Casa-se pela segunda vez com Mary O'Neill e entra em contato com o físico David Bohm, por cujas idéias se interessou.

1958 — É convidado pela Universidade da Califórnia, em Berkeley, como professor visitante. Publica então dois de seus artigos, "Complementaridade" e "Uma Tentativa para uma Interpretação Realista da Experiência", textos em que assume uma clara postura antipositivista de base popperiana.

1959 — Aceita o cargo de professor permanente em Berkeley, na UCLA, e obtém a cidadania americana.

1960-69 — Lança uma seqüência de trabalhos com o intento de edificar um empirismo "tolerante e desinfetado" e distancia-se lentamente das concepções de Popper, abandonando em 1969 o empirismo, sob o argumento de que a experiência não é necessária em nenhum ponto da construção, da compreensão ou da verificação de teorias científicas empíricas.

1970 — Coloca-se contra Thomas Kuhn, o autor de *As Estruturas das Revoluções Científicas*, e revela-se, nos ensaios que escreve, um anarquista epistemológico.

1975 — Vem à luz o seu primeiro livro, *Contra o Método*.

1977 — Contesta, durante dois anos seguidos (1976-1977), a série de violentos ataques ao seu livro. É acometido de forte depressão. Não obstante, redige então um ensaio sobre o relativismo onde explicita pela primeira vez a sua posição, partindo, dentre outros argumentos, embora sem grande aceitação, de que as idéias de Razão e racionalidade são ambíguas e obscuras, sustentando que tão-somente o relativismo poderia dar conta da variedade cultural.

1978 — Explorando as implicações políticas de suas teses anarquista e relativista, edita a obra *Ciência em uma Sociedade Livre*.

1981 — Sai em inglês uma coletânea de seus escritos.

1984 — Lança *Ciência como uma Arte*, livro onde ainda defende o relativismo, afirmando que na história da ciência não há progresso e, sim, mudança. Empenha-se na reabilitação do legado de Ernest Mach.

1987 — Reúne um conjunto de artigos, que são editados sob o título de *Adeus à Razão*.

1988 — Reedita *Contra o Método*, numa edição revisada e acrescida de parte de seu outro livro, *Ciência em uma Sociedade Livre*.

1989 — Casa-se com Grazia Borrini, que conhecera em 1983, nas suas preleções em Berkeley, e parte para a Itália e Suíça, sob o impacto do terremoto de 1990, na costa leste dos Estados Unidos.

1990 — Demite-se de seu cargo em Berkeley, no mês de março.

1991 — Aposenta-se como docente da Universidade de Zurique, onde lecionava meio semestre, reservando o outro semestre a Berkeley. Seu antigo aluno, Gonzalo Munévar organiza e publica uma edição comemorativa ao seu mestre (*Festschrift*).

1993 — Aparece a terceira edição de *Contra o Método* e Feyerabend é hospitalizado com um tumor cerebral inoperável.

1994 — Em 11 de fevereiro, morre, em sua casa, em Zurique.

1995 — É publicada a sua *Autobiografia*.

Nos anos subseqüentes vem à luz outros livros póstumos e volumes de ensaios, realizando-se também vários colóquios acerca da produção e do controvertido pensamento de Paul Feyerabend.

CIÊNCIA NA PERSPECTIVA

Os Alquimistas Judeus: Um Livro de História e Fontes
Raphael Patai (Big Bang)

Arteciência: Afluência de signos co-moventes
Roland de Azeredo Campos (Big Bang)

O Breve Lapso entre o Ovo e a Galinha
Mariano Sigman (Big Bang)

A Criação Científica
Abraham Moles (Estudos 003)

Em Torno da Mente
Ana Carolina Guedes Pereira (Big Bang)

A Estrutura das Revoluções Científicas
Thomas S. Kuhn (Debates 115)

Mário Schenberg: Entre-vistas
Gita K. Guinsburg e José Luiz Goldfarb (orgs.)

O Mundo e o Homem: Uma Agenda do Século XXI à Luz da Ciência
José Goldemberg (Big Bang)

Problemas da Física Moderna
Max Born, Pierre Auger, E. Schrödinger e W. Heisenberg (Debates 009)

Uma Nova Física
André Koch Torres Assis (Big Bang)

O Universo Vermelho: desvios para o vermelho, cosmologia e ciência acadêmica
Halton Arp (Big Bang)

A Teoria Que Não Morreria
Sharon Bertsch Mcgrayne (Big Bang)

CIBERNÉTICA

A Aventura Humana Entre o Real e o Imaginário
Milton Grceo (Big Bang)

Cibernética Social I: um método interdisciplinar das ciências sociais e humanas
Waldemar de Gregori

Introdução à Cibernética
W. Ross Ashby (Estudos 001)

O Tempo de Redes
Fábio Duarte, Queila Souza e Carlos Quandt (Big Bang)

MetaMat!: Em Busca do Ômega
Gregory Chaitin (Big Bang)

FILOSOFIA DA CIÊNCIA

Caçando a Realidade: A Luta pelo Realismo
Mario Bunge (Big Bang)

Diálogos sobre o Conhecimento
Paul K. Feyerabend (Big Bang)

Dicionário de Filosofia
Mario Bunge (Big Bang)

Física e Filosofia
Mario Bunge (Debates 165)

A Mente Segundo Dennett
João de Fernandes Teixeira (Big Bang)

Prematuridade na Descoberta Científica: sobre resistência e negligência
Ernest B. Hook (Big Bang)

Teoria e Realidade
Mario Bunge (Debates 072)

LÓGICA

Estruturas Intelectuais: Ensaio sobre a Organização Sistemática dos Conceitos
Robert Blanché (Big Bang)

A Prova de Gödel
Ernest Nagel e James R. Newman (Debates 075)

Este livro foi impresso na cidade de Cotia,
nas oficinas da Meta Brasil,
para a Editora Perspectiva.